中交第三航务工程勘察设计院有限公司
CCCC THIRD HARBOR CONSULTANTS CO.,LTD.

中交物流规划设计研究院有限公司
CCCC Logistics Planning & Design Institute CO.,LTD.

物流园区规划设计案例与实践

2000—2023

程泽坤 朱冯源 李 浩 著

上海科学技术出版社

图书在版编目（CIP）数据

物流园区规划设计案例与实践：2000-2023 / 程泽坤，朱冯源，李浩著. -- 上海：上海科学技术出版社，2024.1
　ISBN 978-7-5478-6454-8

Ⅰ. ①物… Ⅱ. ①程… ②朱… ③李… Ⅲ. ①物流－工业园区－规划布局－案例－2000-2023 Ⅳ. ①F253

中国国家版本馆CIP数据核字(2023)第225083号

参编人员	陈其锋	窦亚妮	叶宇旻
	赵华智	赵令玉	芮雪弈
	李品薇	张　健	周海洋
责任编辑	高爱华		
封面设计	奚　斌		

物流园区规划设计案例与实践（2000—2023）
程泽坤　朱冯源　李　浩　著

上海世纪出版（集团）有限公司
上　海　科　学　技　术　出　版　社　出版、发行
（上海市闵行区号景路159弄A座9F-10F）
邮政编码201101　www.sstp.cn
苏州工业园区美柯乐制版印务有限责任公司印刷
开本889×1194　1/16　印张9
字数 250千字
2024年1月第1版　2024年1月第1次印刷
ISBN 978-7-5478-6454-8/TU·342
定价：145.00元

本书如有缺页、错装或坏损等严重质量问题，请向工厂联系调换

前 言

现代物流一头连着生产，一头连着消费，高度集成并融合运输、仓储、分拨、配送、信息等服务功能，是延伸产业链、提升价值链、打造供应链的重要支撑，在构建现代流通体系、促进形成强大国内市场、推动高质量发展、建设现代化经济体系中发挥着先导性、基础性、战略性作用。在国际经历百年未有之大变局，我国综合国力不断强大，内需市场也在快速提升的时代背景下，全国两会提出"以国内大循环为主体、国内国际双循环相互促进"的新发展格局，物流行业作为社会流通体系的基础，将在双循环新发展格局中发挥重要作用。物流园区是物流体系的核心基础设施，是为满足货物转运、产业发展和居民消费等规模化物流需求，依托区位交通条件，与城市综合功能和产业体系相配套的公共性物流设施集群，是布局集中、用地节约、企业集聚、经营集约的物流功能集聚区。

中交第三航务工程勘察设计院有限公司作为拥有国家综合甲级设计资质的单位，在物流工程规划设计领域，通过二十多年的实践探索、开拓创新，积累了丰富的规划设计经验，先后规划设计了以上海外高桥保税物流园区——全国第一个区港联动保税物流园区、上海洋山保税港区——全国第一个保税港区等为代表的200余项物流工程项目，其中有50余项海关监管区工程项目［保税港区、综合保税区和保税物流中心（B型）］，地域分布于我国沿海各大城市和部分中西部地区，物流业态包含港口物流、空港物流、陆港物流、冷链物流、保税物流、跨境电商等，市场品牌效应日益显现。

本书收录中交第三航务工程勘察设计院有限公司自2000年至2023年规划设计的具有代表性的物流园区项目共计77个，按照项目类型分为7部分，分别为：

1. 综合保税区

综合保税区是指经国务院批准设立在中华人民共和国关境内，实施封闭监管，以保税加工、保税物流和保税服务为基本功能，并赋予配套的特定税收、监管政策的特定功能区。它是我国开放层次最高、优惠政策最多、功能最齐全、手续最简化的特殊区域，是我国开放型经济的重要平台，对发展对外贸易、吸引外商投资、促进产业转型升级发挥着重要作用。

"双循环"新发展格局下，综合保税区作为承载国内、国外市场资源集聚并转换的特殊政策投放区，主要呈现以下发展趋势：

（1）选址转变：从沿海集聚转向内陆扩散。

（2）功能转变：从单一生产要素转向多元链条整合。

（3）空间转变：从"城区"二元对立转向"区港城"有机融合。

2. 保税物流中心

保税物流中心是专门从事保税仓储物流业务、实行封闭管理的海关保税监管场所，分 A 型和 B 型两种。A 型保税物流中心，是指经海关批准，由中国境内企业法人经营、专门从事保税仓储物流业务的海关监管场所；B 型保税物流中心，是指经海关批准，由中国境内一家企业法人经营，多家企业进入并从事保税仓储物流业务的海关集中监管场所。

近年来，我国海关适应跨国公司国际化运作及加工制造业多元化发展的需求，逐步推进保税物流监管制度改革，构建和完善以综合保税区为龙头，以保税物流中心为枢纽，以保税仓库、出口监管仓库为网点的多元化保税物流监管体系。综合保税区作为我国发展保税物流层次更高、政策更优惠、功能更齐全、区位优势更明显的海关特殊监管区域，是保税物流中心未来的升级目标。

3. 陆港、多式联运中心

内陆港，也称无水港，是指以公路、铁路、航空为依托，在内陆地区建立的，具有报关、报检、签发提单等港口服务功能的物流中心。内陆港内一般设置有海关、动植物检疫、商检、卫检等监督机构，为客户通关提供服务；设置有货代、船代、船公司的分支机构，以便收货、还箱、签发以当地为起运港或终点港的多式联运提单，内陆进出口商则可以在当地完成订舱、报关、报检等手续，将货物直接交给货代或船公司。

内陆港的建设有利于促进当地外贸货物的快进快出，降低物流成本；同时是沿海港口吸引内陆腹地货源的良好平台，可以开拓沿海港口新的利润来源。

4. 综合、专业物流园区

综合物流园可定义为建设在城市近郊主要交通节点，面向多产业集群，提供两种及以上专业物流服务的物流园区。结合我国经济发展宏观环境，适应发展新需求，未来我国综合物流园区不仅要提供综合性服务，还应能对接多产业，成为各产业衔接的纽带，以及区域经济协同发展的有效支撑。

物流园区建设经过多年的快速发展，已逐渐迈入由"政府主导"向"市场主导"，由"大而全"的综合型物流园向面向市场需求的专业型物流园发展的阶段。专业物流园是指提供单一或若干物流服务的物流园区，根据物流功能的不同，又可分为仓储型、货运枢纽型、城市配送型和物贸中心型物流园区。

5. 单体物流仓库

1）单层仓库

单层仓库是最常见、使用很广泛的一种仓库建筑类型。其主要特点有：

（1）设计简单，建造和维修投资较低。

（2）全部仓储作业都在一个层面上进行，货物在库内装卸和搬运方便。

（3）各种设备，如通风、供水、供电等的安装、使用和维护较为方便。

2）多/高层仓库

多/高层仓库是指两层以上的物流仓库，多层仓库总建筑高度小于 24 米。该类仓库的结构大多采用钢筋混凝土结构，占地面积小，仓库容量大。该类仓库常设多层货架，进一步增加了货物储存量，还为仓库实现机械化、自动化、开展科技养护和现代化管理打下基础。

3）高架立体库

与传统物流仓库相比，高架立体仓库具有以下优势：

（1）空间利用率高：可充分利用仓储空间。

（2）存储密度高：每平方米储存货物数量多。

（3）灵活性好：可以根据企业不同情况灵活调整储存方式，对出入库频率高的货物可采用自动作业方式，对出库频率低的货物则可采用人工作业方式。

6. 电商物流园

电子商务，狭义来说，是指利用网络销售产品和提供服务的一种商务活动。广义的电子商务还包括供应链上的各环节企业利用信息技术，实现更紧密、更高效、更低成本的一体化运行，而供应链运行的主要依托来源于物流系统中的信息要素。电商物流就是电商运营的各类实体商品，通过物理流通渠道进行配送和传输的过程。电商物流是实现电商交易线上至线下转换的基础，同时也是产品供应链中的主要信息来源。

电商物流园是电商企业、物流企业和相关服务机构在空间上的聚集，通过共享资源、相互协作以提高生产效率、降低生产成本的区域。园区对企业的吸引力在于可快速、便捷、低成本地得到各种所需服务。园区除了为供应链各环节提供电商物流服务功能外，还为企业提供丰富的相关配套服务。

7. 冷链物流园

冷链物流是利用温控、保鲜等技术工艺和冷库、冷藏车、冷藏箱等设施设备，确保冷链产品在初加工、储存、运输、流通加工、销售、配送等全过程始终处于规定温度环境下的专业物流。冷链物流园区是提供冷链加工、存储和运输的场所，是冷链物流产业链上的核心环节，是联结产和销的关键节点和平台，是运用多种冷链技术，在物流作业集聚区和运输枢纽衔接地区将众多冷链物流企业集聚在一起，实现专业化和规模化经营的大型综合性物流园区。

近年来，我国冷链物流市场规模快速增长，国家骨干冷链物流基地、产地销地冷链设施建设稳步推进，冷链装备水平显著提升。随着我国城乡居民消费水平和消费能力不断提高，冷链物流的需求持续旺盛，冷链物流园区类型和发展模式将更加多元化，将呈现智能化与数字化提升、由园区向平台化发展、绿色低碳发展等特点。

本书从专业物流规划设计角度出发，通过分析不同类型物流园区项目的规划设计特点、重点和难点，总结、归纳了规划设计经验，以期为同类型物流园区项目规划设计提供案例参考和实践经验借鉴。此外，本书在编著过程中，得到了工程案例所属单位的大力支持和帮助，在此致以衷心的感谢！由于编者水平有限，书中可能还存在疏漏和不足之处，恳请读者批评指正。

编　者

2023年11月18日

目 录

01 综合保税区 — 1
上海外高桥港综合保税区 — 2
洋山特殊综合保税区 — 5
温州综合保税区 — 6
银川综合保税区 — 9
青岛即墨综合保税区 — 10
徐州综合保税区 — 12
太仓港综合保税区 — 14
连云港综合保税区（徐圩片区） — 16
黄骅港综合保税区 — 18
曹妃甸综合保税区 — 20
石家庄综合保税区 — 22
绍兴综合保税区 — 24
厦门海沧综合保税区 — 26
舟山港综合保税区 — 27
开封综合保税区 — 28
台州综合保税区 — 34
义乌综合保税区 — 36
蚌埠综合保税区 — 40
衢州综合保税区 — 42
宁波梅山保税港区 — 43
日照综合保税区 — 44

02 保税物流中心 — 45
如皋港保税物流中心（A型） — 46
如皋港保税物流中心（B型） — 47
石嘴山保税物流中心（B型） — 48
大丰港保税物流中心（B型） — 49
南京江北海港枢纽经济区保税物流中心（B型） — 50
靖江保税物流中心（B型） — 52
湖州保税物流中心（B型） — 56
宜兴保税物流中心（B型） — 58
湖州德清保税物流中心（B型） — 62
阜阳保税物流中心（B型） — 64
宿迁保税物流中心（B型） — 67
浙江舟山群岛新区金塘保税物流中心（B型） — 68
宁德保税物流中心（B型） — 70

03 陆港、多式联运中心 — 71
嘉诚国际无水港 — 72
上合组织（连云港）国际物流园铁路装卸场站 — 73
西安港综合口岸项目（一期） — 74
义乌内陆口岸工程 — 76
日照港国际物流园 — 78
衡阳国际物流港 — 80
鹰潭国际陆港 — 82
三明陆地港 — 83
宣城国际陆港 — 84
无锡西站物流园 — 85
贵阳国际陆港（二期）项目 — 86

宁德市水路联运中心二期工程	87

04 综合、专业物流园区 89
派河物流园公共物流中心	90
宁波梅山国际汽车物流中心	91
中远海运物流南通通海物流园	92
武汉汽车物流多式联运基地项目	93
济北智慧物流园区云仓基地	94
浙江东缘油脂多式联运物流仓储	96
中谷（临港）国际集装箱供应链仓储物流基地项目	98
厦门海沧供应链物流项目	100

05 多、高层物流仓库 101
上海外高桥港综合保税区 K3、K5 仓库	102
上海外高桥港综合保税区 K6 仓库	103
南沙保税物流园区 5# 仓库	104
粤港澳大湾区国际分拨中心 9# 仓库	106
连云港国际汽车绿色智能物流中心	107
嘉诚国际无水港高层仓库工程	108
天运多功能国际物流中心	109
嘉诚国际（海南）多功能数智物流中心	110

06 电商物流园 111
宁波易海电商仓储产业园项目	112
易商长沙电子商务及零售物流园项目二期工程	114
红易宁南国际仓储配送中心工程	115
嘉兴综合保税区跨境电商运营中心	116
山东高速西海岸智慧物流产业园	118

07 农批市场、冷链物流 119
上海西郊国际农产品交易中心	120
福州（连江）国家远洋渔业基地水产品交易中心	122
江阴大昌行食品加工物流园项目	124
舟山港综合保税区本岛分区公用仓储物流冷藏库工程	125
玉湖冷链（武汉）国际食品交易中心	126
新夏晖湖北孝感物流中心	128
中交卖货郎运营总部暨农业数字化产业园项目	130
上海同盛口岸查验区海关查验冷冻（藏）库工程	134
绍兴综合保税区冷链物流中心工程	135
义乌综合保税区（D 区）——D3、D6 冷库	136

01
综合保税区

综合保税区是指经国务院批准，设立在中华人民共和国关境内，实施封闭监管，以保税加工、保税物流和保税服务为基本功能，并赋予配套的特定税收、监管政策的特定功能区。它是我国开放型经济的重要平台，对发展对外贸易、吸引外商投资、促进产业转型升级发挥着重要作用。综合保税区由地方政府实施行政管理，由海关负责区内进出口行为的监管。

上海外高桥港综合保税区

项　目　地　址：上海浦东
总用地面积：103.15 公顷
总建筑面积：约 60 万平方米
完　成　阶　段：修建性详细规划，工程可行性研究，方案设计，初步设计，施工图设计

上海外高桥港综合保税区是我国关境内第一个保税物流园区，于 2004 年封关运作。它也是国内首个经国务院批准设立的"区港联动"先行先试区，2021 年 4 月 15 日升级为综合保税区。

上海外高桥港综合保税区按功能划分为六大区域：集装箱转运区（出口、进口）、国际中转区（A、B）、调度中心、国际配送区、国际采购区、商务中心。

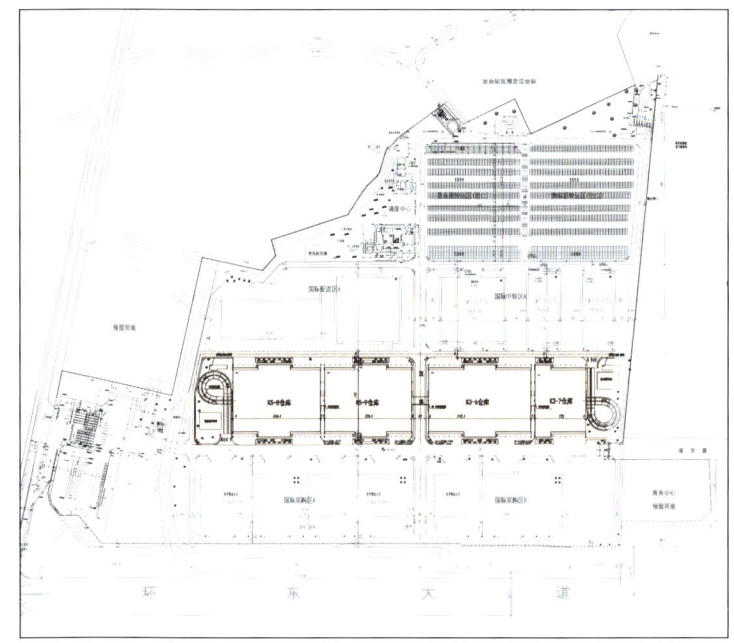

洋山特殊综合保税区

项目地址：上海临港
规划面积：2531公顷
完成阶段：部分项目（方案设计，初步设计，施工图设计）

  洋山特殊综合保税区是我国唯一的特殊综合保税区，规划面积2531公顷。本保税区以原上海洋山保税港区为基础，整合浦东机场南部区域，于2020年升级为洋山特殊综合保税区。

  作为对标国际公认、竞争力最强自由贸易园区的重要载体，洋山特殊综合保税区在全面实施综合保税区政策的基础上，取消不必要的贸易监管、许可和程序要求，实施更高水平的贸易自由化、便利化政策和制度，成为服务国内国际双循环的重要窗口。

温州综合保税区

项 目 地 址：浙江温州
总用地面积：144.49公顷
完 成 阶 段：工程可行性研究，方案设计，初步设计，施工图设计

本项目位于温州瓯江口产业集聚区，在既有的温州保税物流中心（B型）基础上建设。

本项目分为口岸作业区、保税物流区、保税加工区和综合服务区。规划分两期建设，其中一期规划面积约116.2公顷，主要完成口岸作业区、综合服务区的全部建设内容，以及保税物流区和保税加工区的部分建设内容，总建筑面积约24万平方米。

温州综合保税区是我国重要的，以智能装备（高端装备）制造、电气制造等产业研发设计和保税加工为主导，具有重大产业技术突破示范意义的综合保税区，并将成为推动温州市乃至浙南、闽北、赣东地区产业融合、协同带动，高水平开放、高质量发展的研发设计和加工制造业中心。

综合保税区

银川综合保税区

项 目 地 址：宁夏银川
总用地面积：610.46 公顷
完 成 阶 段：控制性详细规划，方案设计

  本项目是贯彻落实国家"一带一路"倡议，以及"空中丝绸之路""买全球、卖全球"战略的重要抓手，建设目的为加快促进宁夏融入国家"一带一路"倡议、西部陆海新通道建设等重大项目实施，促进形成强大国内市场，助力银川开放发展。

  本项目主要分为八大功能分区，包括口岸物流区、保税服务区、保税物流区、保税加工区、保税物流／加工区、综合办公区、商务配套区和绿地广场区。

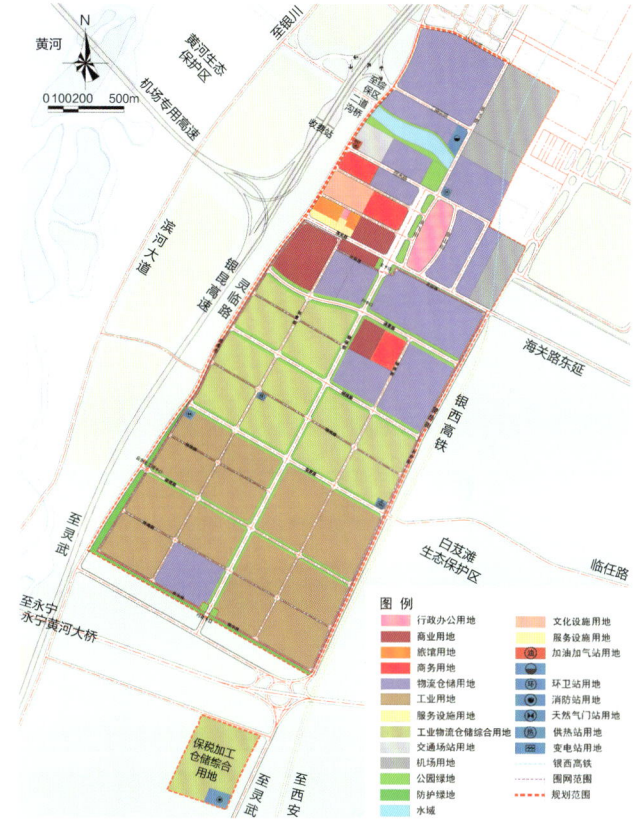

青岛即墨综合保税区

项目地址：山东青岛
规划面积：120.31 公顷
完成阶段：控制性详细规划，工程可行性研究，方案设计，初步设计，施工图设计

　　本项目位于青岛蓝谷高新技术产业开发区内。青岛蓝谷高新技术产业开发区位于山东省青岛市北部，地处交通枢纽，区位优越，素有"青岛北大门"之称。

　　为了满足口岸单位监管、查验、检疫办公的要求，本项目主要建设内容包括查验平台、监管仓库、办公大楼、检疫用房、焚烧炉设备间、喷淋控制室和检疫处理平台、卡口、水电配套设施等内容。

徐州综合保税区

项 目 地 址：江苏徐州
总用地面积：190公顷
完 成 阶 段：控制性详细规划，工程可行性研究报告，方案设计，初步设计，施工图设计

本项目位于徐州经济技术开发区内，依托综合保税区功能政策优势，区港联动、区铁联动、空港联动、区区联动。本项目对接上海自贸区，制度创新、功能创新、模式创新、服务创新，打造徐州双向开放新高地，集聚各类高端生产要素，以加工贸易为龙头、现代物流为基础，全面打造以"保税+"为特色的保税物流、保税制造、保税贸易和专业增值服务四大产业板块；全面培育跨境电子商务中心、国际大宗商品交易交割中心、国际商品交易展示分销中心、国际物流中心、国家先进制造业加工中心等"五个中心"，搭建国际中转集拼平台、跨境电子商务平台、国际大宗商品交易交割平台和国际商品交易展示分销平台等四大平台。徐州综合保税区是全面提升徐州作为淮海经济区中心城市的能级、辐射长江经济带、对接国家"一带一路"倡议的现代化综合保税区。

徐州综合保税区口岸封关监管设施工程的主要建设内容包括查验区、检疫处理区、卡口、海关围网、海关巡逻道等设施。

徐州综合保税区
COSCO

徐州综合保税区
中国海关
入区查验场地

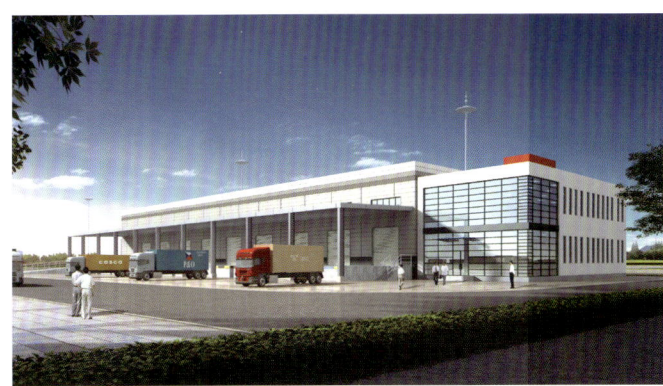

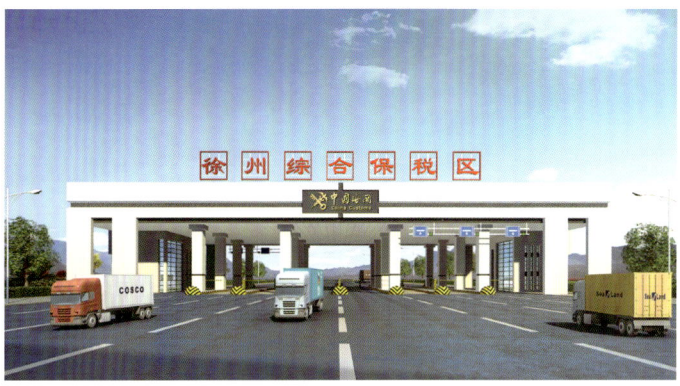

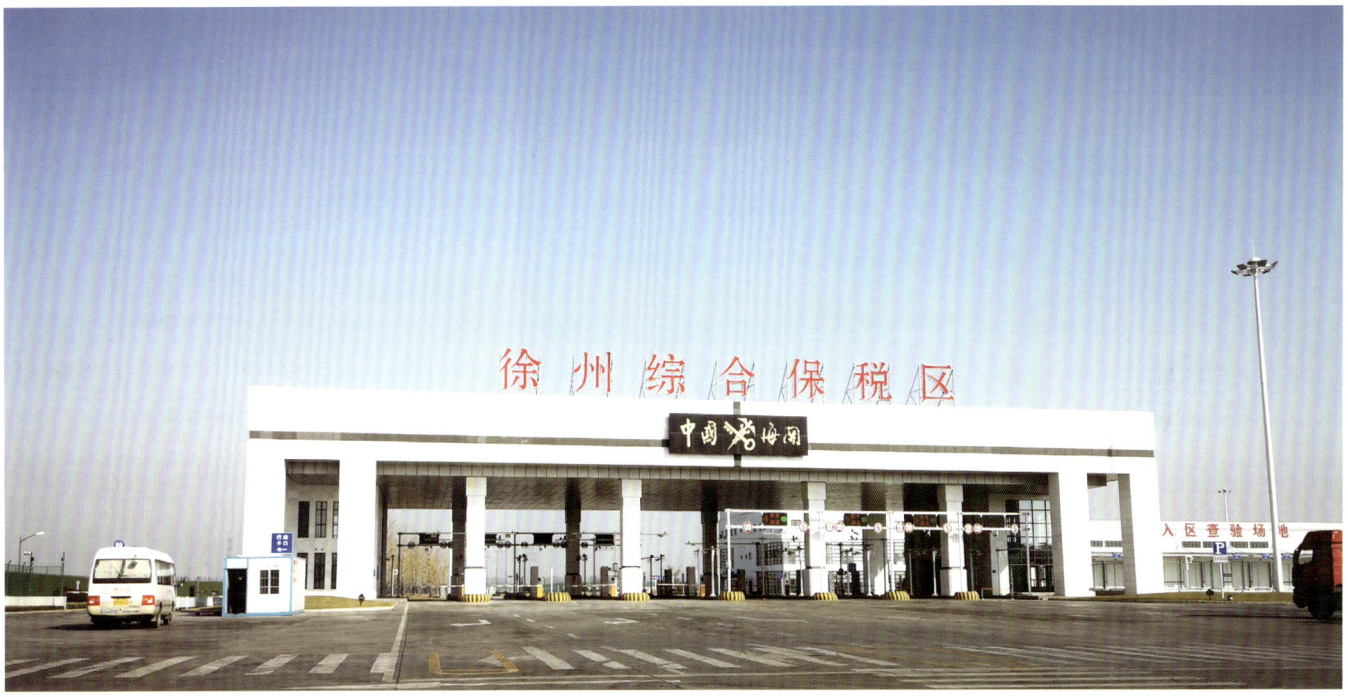

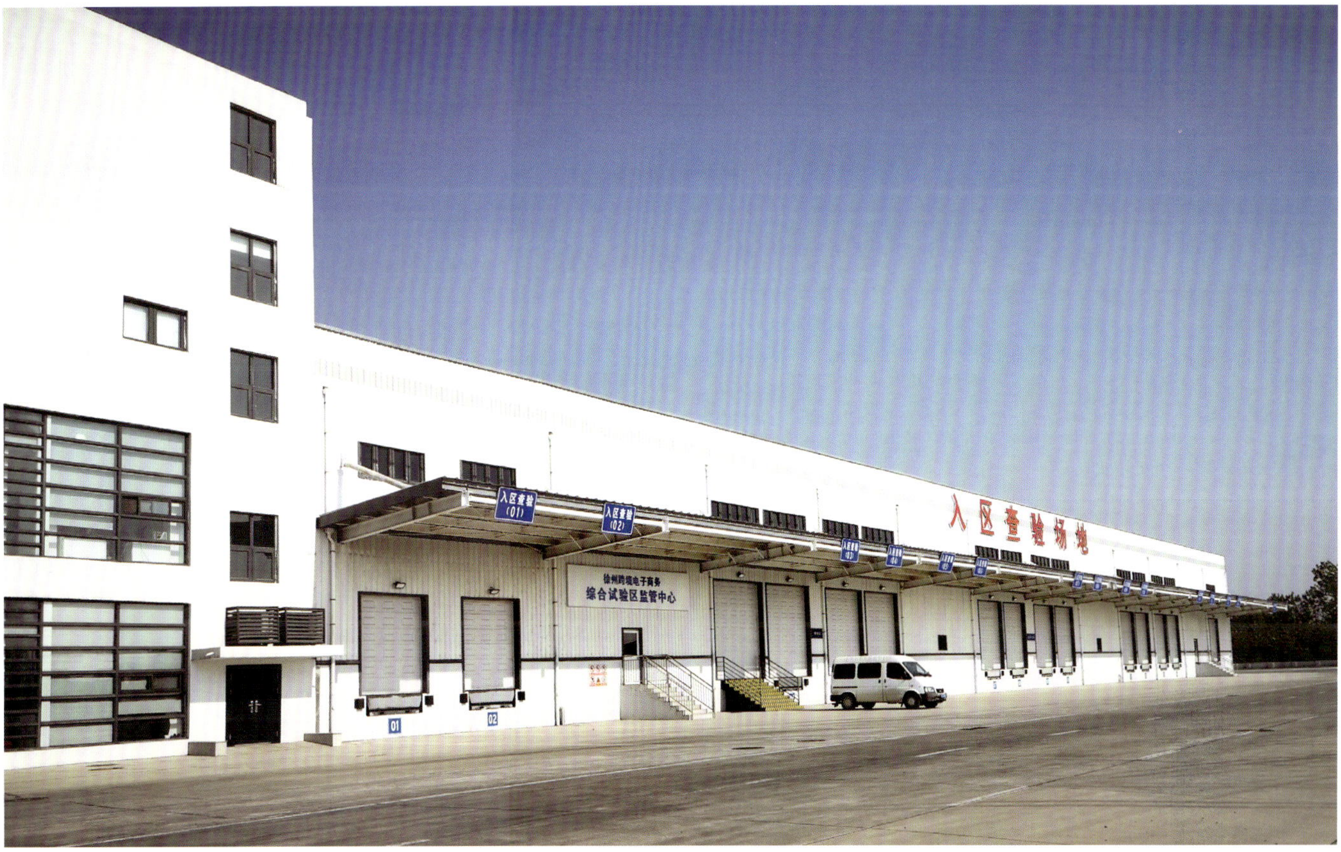
入区查验
(01)
入区查验
(02)
徐州跨境电子商务
综合试验区监管中心
入区查验场地
01
02

太仓港综合保税区

项 目 地 址：江苏太仓
总用地面积：207 公顷
完 成 阶 段：产业发展规划，方案设计

太仓港综合保税区于 2013 年 5 月 13 日经国务院批准设立，位于太仓港集装箱码头后方，分为口岸作业区、保税物流区、保税服务区和商务配套区四大功能区。

本项目是在原有的太仓港保税物流中心（B 型）基础上建成的，是太仓推进区港融合、发展物贸经济、承接上海自贸区"溢出效应"的重要载体。

综合保税区 / 15

连云港综合保税区（徐圩片区）

项目地址：江苏连云港
规划面积：53 公顷
完成阶段：方案设计

连云港综合保税区规划面积 297 公顷，于 2018 年 5 月 31 日经国务院批复设立，包括原有的连云港出口加工区片区和徐圩新区片区。

综合保税区

黄骅港综合保税区

项目地址：河北沧州
总规划面积：608 公顷
完成阶段：控制性详细规划，工程可行性研究，方案设计，初步设计，施工图设计

黄骅港综合保税区是以保税物流、保税仓储为基础，以工业加工为亮点，功能齐全、产业合理、设施完善、服务一流的现代化综合保税区。本项目的建成促进了冀中南地区的开发开放，拉动了黄骅港腹地外向型经济的发展。

黄骅综合保税区首期启动面积 363 公顷，主要建设内容为满足各相关单位对综保区首期封关范围的有效监管要求的相关设施。

曹妃甸综合保税区

项 目 地 址：河北唐山
总规划面积：909 公顷
完 成 阶 段：控制性详细规划，工程可行性研究，初步设计，施工图设计

本项目规划总面积约 909 公顷，包括港区 11 个泊位、仓储物流区、加工制造区、商品展示及国际贸易区、综合办公区和非保物流区六大功能组团。其中海关特殊监管区域围网面积 577 公顷，含港口作业、仓储物流、加工制造和国际贸易等多种功能。

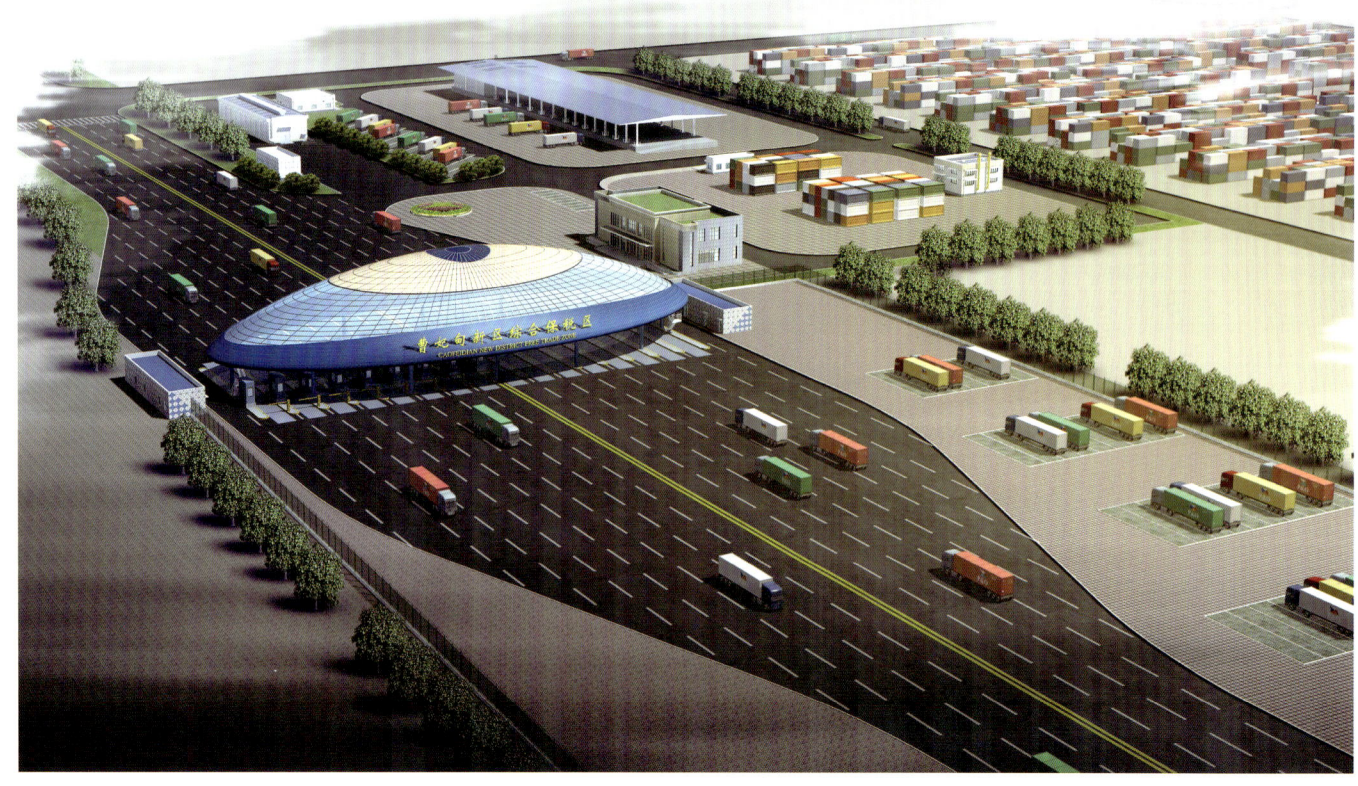

石家庄综合保税区

项目地址：河北石家庄
总用地面积：258 公顷
完成阶段：项目建议书，工程可行性研究，初步设计，施工图设计

本项目位于石家庄正定国际机场东侧的石家庄空港工业园内，发挥了临近国际机场及周边铁路公路交通发达便利的区位优势，依托石家庄特有的产业基础和内陆港现有项目，积极承接国内外产业转移，快速形成高端产业的聚集，引领、带动、辐射和服务石家庄全市及冀中南地区的外向型经济发展。

项目总体定位：打造成为京津冀地区高标准的新兴产业聚集区和先进制造业基地，冀中南地区国际物流中心，河北省创新发展的新平台，推动京津冀一体化发展的新引擎和京津冀对外开放新格局的增长极。

"一心、两轴、五组团"的空间布局结构

- "一心"：以海关主卡口为核心打造的园区景观与综合服务中心。

- "两轴"：以东西向梦龄大道为综合服务轴，连接海关与机场货区，沿线提供保税服务；以南北向中央大街为产业拓展轴，贯穿联系保税区各产业组团。两轴形成"十"字形发展格局。

- "五组团"：保税服务区、海关查验区、保税物流区、口岸物流区、出口加工区。五个功能组团形成一定的专业及功能分工，在公共服务、环境景观、基础设施配套、交通、空间组织等方面紧密联系、互为依托。

绍兴综合保税区

项 目 地 址：浙江绍兴
总用地面积：172公顷
完 成 阶 段：工程可行性研究，方案设计，初步设计，施工图设计

本项目位于国家级绍兴袍江经济技术开发区内。

本项目立足绍兴滨海新区集成电路、生物医药两大"万亩千亿"产业平台，着力打造以"五区五中心"为目标的新型综保区。"五区"，即对外开放量级提升的引擎区、国内国际双循环重要节点的承载区、综合保税模式创新的示范区、数字赋能智美一体的样板区、城市功能品质提升的体验区。"五中心"，即跨境电商集聚中心、进口商品展示贸易集聚中心、"绍兴制造"出口贸易集聚中心、外向型加工制造研发中心、国际开放交流中心。

绍兴综合保税区一期包含海关监管设施工程和保税物流分拨中心项目。

厦门海沧港综合保税区

项 目 地 址：福建厦门
总用地面积：951公顷
完 成 阶 段：方案设计，施工图设计

厦门海沧保税港区于2008年6月5日获国务院批准设立。2022年9月，国务院正式批准厦门海沧保税港区转型升级为厦门海沧港综合保税区。

本项目实行与国际惯例接轨的保税港区优惠政策和便捷高效的通关环境，海关实行"一线放开、二线管住、区内自由、入港退税"的监管原则，入驻企业可享受保税区、出口加工、保税物流园区相关的税收优惠政策和外汇管理政策。

本项目包括A、B、C三个区域，即已建成的厦门海沧出口加工区及海沧港区1~8号泊位港区，嵩屿港区，海沧港区14~19号泊位港区。

舟山港综合保税区

项 目 地 址：浙江舟山
总用地面积：585公顷
完 成 阶 段：控制性详细规划，工程可行性研究，方案设计，初步设计，施工图设计

2012年9月29日，舟山港综合保税区经国务院正式批复设立。舟山港综合保税区总规划面积为585公顷，分为本岛分区、衢山分区和空港分区三个分区。

本岛分区的功能定位为以海洋装备制造业、海洋生物产业、电子信息产业等先进制造业和仓储物流为重点，探索建立区域性大宗商品定价中心，发展航运服务业、保险金融业、咨询研发、商品会展和租赁等相关服务业。

衢山分区则发挥其深水岸线资源优势，主要功能定位为大宗商品（煤炭、矿石、油品和液体化工品等）中转、储运中心。

空港分区以干线飞机、支线飞机及通用飞机生产制造等保税加工功能为核心，以航空零部件保税物流和航空保税物流功能为支撑，做强航空检测、航空维修、航空培训、航空研发、融资租赁、保税商品展示等保税服务功能。

开封综合保税区

项 目 地 址：河南开封
总用地面积：178.5公顷
完 成 阶 段：方案设计，初步设计，施工图设计

开封综合保税区分为两个区块，东片区规划面积121.8公顷，西片区规划面积56.7公顷。

本项目功能定位：具有区域影响力、竞争力的新高地，对外开放的新高地；实施"中部崛起"国家战略的领跑者；落实"郑汴一体化"区域战略的引领区；打造开封文创产业对外开放的先行区。

本项目的建成，是打造开封外资外贸发展核心区、郑州大都市区物流枢纽东部支撑、中部地区大宗外贸商品集疏新平台、国家"一带一路"倡议重要保税节点的重要支撑。

综合保税区

台州综合保税区

项 目 地 址：浙江台州
总用地面积：177公顷
完 成 阶 段：施工图设计

  本项目位于台州湾经济技术开发区内。项目定位为以临港型智能制造、新材料及高端生物医药开发制造等为主要产业特色，"港产城湾"一体化发展的现代智慧综合保税区。

  本项目分为口岸作业区和综合服务区。口岸作业区主要包含仓库、查验库、卡口、办公辅房及辅助设备用房等。综合服务区包含综合服务中心。

义乌综合保税区

项 目 地 址：浙江义乌
总用地面积：134 公顷
总建筑面积：106.14 万平方米
完 成 阶 段：总体规划，方案设计，初步设计，施工图设计

义乌综合保税区于 2020 年 3 月获国务院批准设立，位于中国（浙江）自由贸易试验区金义片区义乌陆港区块内，由 A、B、C、D、E 区块组成（其中 E 地块为已建生产资料市场），分为口岸作业区、保税展贸区、保税物流区、保税研发区、保税服务区和保税加工区六个功能区。

义乌综合保税区突出了国际贸易特色和优势，以大众贸易数字化、自由化、全球化为主攻方向，建设成为业态高端多元、功能布局完善、服务优质高效的内陆示范引领型海关特殊监管区域，打造具有全球影响力和竞争力的"五大中心"，成为辐射带动周边地区经济发展的新引擎，为全国自贸区改革和全球数字贸易规则创新作出示范。

蚌埠综合保税区

项　目　地　址：安徽蚌埠
总用地面积：125.5 公顷
完　成　阶　段：工程可行性研究，方案设计，初步设计，施工图设计

蚌埠综合保税区位于中国（安徽）自由贸易试验区蚌埠片区和蚌埠高新技术产业开发区内，距离城市南北向主干道迎宾大道约 1.4 千米，包括口岸作业区、加工制造区、保税研发区、保税服务区等功能区。本项目的建成，对蚌埠市发展对外贸易、吸引投资、促进产业转型升级有重要作用。

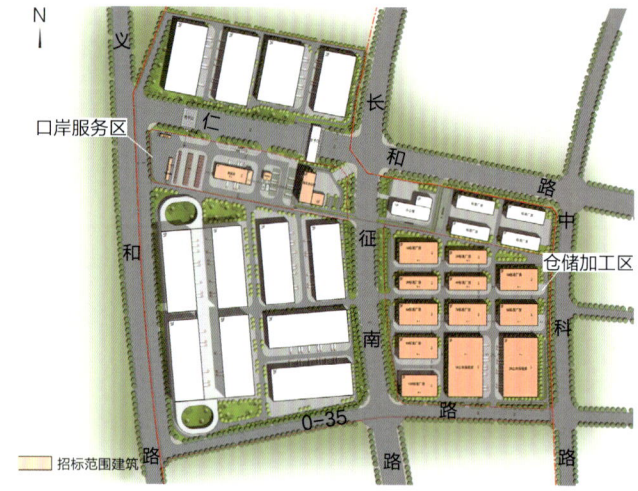

综合保税区

衢州综合保税区

项 目 地 址：浙江衢州
总用地面积：111.2 公顷
总建筑面积：87 万平方米
完 成 阶 段：修建性详细规划

本项目位于衢州智造新城。衢州综合保税区将成为国内国际"双循环"重要阵地、关键枢纽，新一轮对外开放的新高地。本项目目的为打造引领衢州经济发展、辐射周边地区的新经济增长动力源，为衢州经济社会跨越式发展打下坚实基础。

本项目规划有七大功能区，分别是跨境电商中心、冷链物流中心、保税物流中心、研发设计中心、加工制造及检测维修中心、口岸服务区、配套服务区。

宁波梅山保税港区

项目地址：浙江宁波
规划面积：770 公顷
完成阶段：总体规划，控制性详细规划，方案设计，施工图设计

宁波梅山保税港区于 2008 年 2 月 24 日由国务院批准设立，是继上海洋山、天津东疆、大连大窑湾、海南洋浦之后的中国第五个保税港区。

宁波梅山保税港区位于梅山岛，规划面积 770 公顷，规划有港口作业区、国际物流园区、进口货物分拨配送区、出口货物增值加工区、口岸设施区和危险品物流区六大功能区，开展国际物流、国际国内中转、国际贸易服务、出口加工和综合配套服务。

日照综合保税区

项 目 地 址：山东日照
总用地面积：288 公顷
完 成 阶 段：控制性详细规划，方案设计，初步设计，施工图设计

日照综合保税区位于日照市主城区东南部日照经济技术开发区内，于2018年5月31日经国务院批复设立。

根据本项目产业发展方向，建设加工制造中心、研发设计中心、物流分拨中心、检测维修中心、销售服务中心"五大中心"。

本项目规划布局有六大功能区，分别是加工制造区、研发设计区、物流分拨区、检测维修、销售服务区和口岸查验区。

02 保税物流中心

保税物流中心是指封闭且具备口岸功能的海关监管区域，分A型和B型两种。

A型保税物流中心，是指经海关批准，由中国境内企业法人经营，专门从事保税仓储物流业务的海关监管场所。

B型保税物流中心，是指经海关批准，由中国境内一家企业法人经营、多家企业进入，并从事保税仓储物流业务的海关集中监管场所。

保税物流中心具有保税仓储、国际物流配送、简单加工和增值服务、检验检测、进出口贸易和转口贸易、商品展示、物流信息处理、口岸、入物流中心出口退税等九大功能。

如皋港保税物流中心（A型）

项　目　地　址：江苏如皋
总用地面积：8.89 公顷
总 筑 面 积：3.23 万平方米
完 成 阶 段：工程可行性研究，方案设计

本项目位于如皋经济技术开发区内。

项目功能定位：符合保税物流中心（A型）特点，积极拓展其他适合海关特殊监管区内运作的业务功能；建成后将与如皋港保税物流中心（B型）工程错位、联动发展；布置个性化物流仓库，适合不同企业的需求；建立基于物联网的仓库管控一体化系统；打造"绿色物流"示范性基地。

本项目主要建设内容包括物流仓库、监管仓库、办公楼、卡口、海关监管围网、水电配套设施等。

如皋港保税物流中心（B型）

项 目 地 址：江苏如皋
总用地面积：35.02公顷
总建筑面积：10万平方米
完 成 阶 段：工程可行性研究，方案设计，初步设计，施工图设计

如皋港保税物流中心（B型）于2014年11月通过海关总署、财政部、国家税务总局和国家外汇管理局联合审批；2015年12月15日，通过国家级验收；2016年7月12日，正式封关运行。

依托国家战略、港口区位以及物流体系优势，本项目与如皋港形成经营互动、相互促进，使保税物流中心功能及优势得到充分发挥。本项目充分利用功能优势，积极主动为如皋市内外贸企业服务，帮助企业解决物流通关、出口退税、保税仓储、跨境电商等各个环节中遇到的难点问题，提升企业国际市场竞争力。

石嘴山保税物流中心（B 型）

项 目 地 址：宁夏石嘴山
总用地面积：18.34 公顷
总建筑面积：0.83 万平方米
完 成 阶 段：方案设计，初步设计，施工图设计

依托煤炭、机械、化工、电力等主导产业，石嘴山已经成为我国乃至世界重要的金属、能源、化工产品供应基地。同时，市场供应与需求地域不均衡的现状衍生出物资流通呈现强聚集、远距离辐射和单向路径的流通特点。本项目的建设有利于推进区域经济整合提升，为石嘴山及宁夏中西部地区外贸进出口持续快速增长、全面提升开放型经济水平、实现区域经济转型升级提供重要平台。

总体定位：以硅锰矿石集散为主导，利用国家政策和区位优势，把保税物流中心建设成服务中西部经济的"四大中心"。

（1）进口货物集散中心。

（2）出口货物分拨中心。

（3）保税大宗商品现货交割、交易中心。

（4）保税大宗商品融资监管、仓单质押中心。

大丰港保税物流中心（B型）

项 目 地 址：江苏盐城
总用地面积：46.56公顷
完 成 阶 段：工程可行性研究，方案设计，初步设计

大丰港保税物流中心（B型）于2015年11月25日获海关总署、财政部、国家税务总局、国家外汇管理局联合批准设立；2017年4月14日，通过海关总署等四部门的正式验收；2017年12月20日，正式封关运营。

项目具备九大功能：保税仓储、国际物流配送、简单加工和增值服务、进出口贸易和转口贸易、口岸功能、出口退税、物流信息处理、商品展示及检验检测。

项目分为查验区、配套服务区和仓储物流区三大功能区，主要建设仓库、堆场、查验场地、卡口、综合办公楼、海关围网、控制中心、智能信息系统及配套设施等。

南京江北海港枢纽经济区保税物流中心（B型）

项 目 地 址：江苏南京
总用地面积：19.97公顷
总建筑面积：14.49万平方米
完 成 阶 段：工程可行性研究，方案设计，初步设计，施工图设计

本项目位于南京江北新区西坝港区，划分为四大功能区：仓库区、堆场区、监管作业场所和办公区。

本项目是以水、公多式联运、中转、仓储、加工、配送为支撑的现代化保税物流中心，是服务南京市、辐射南京城市圈、融入长三角一体化发展的区域物流中心。

靖江保税物流中心（B 型）

项 目 地 址：江苏靖江
总用地面积：16.42 公顷
总建筑面积：6.65 万平方米
完 成 阶 段：项目建议书，方案设计，施工图设计

靖江是"一带一路"倡议、长江经济带和扬子江城市群建设发展国家规划中的重要区域城市，临江近海，区位优势明显，基础雄厚。

本项目位于靖江经济技术开发区，主要建设内容包括仓库、综合楼、卡口、验货平台及监管仓库、堆场及配套设备用房等。

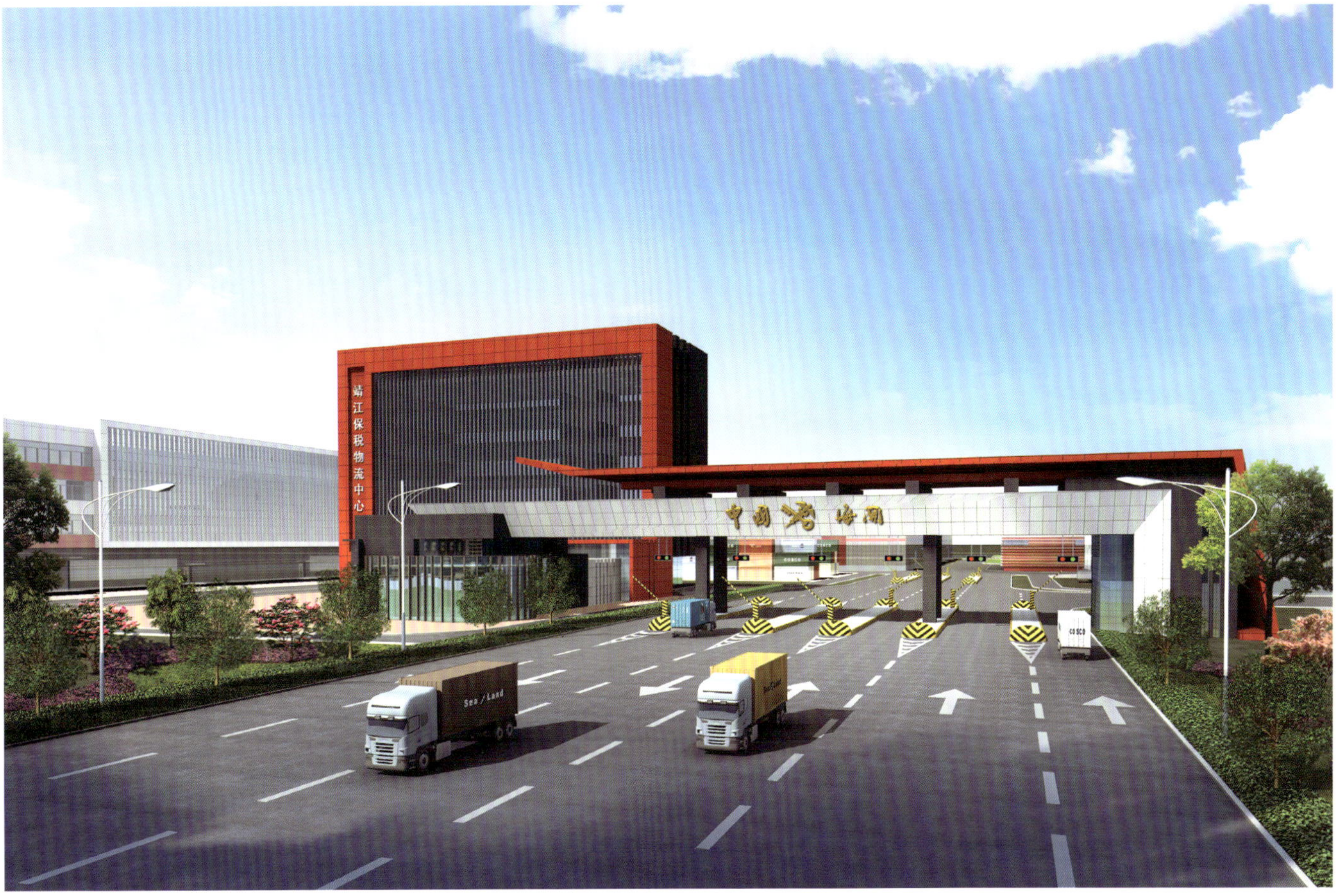
靖江保税物流中心
中国海关
Sea/Land

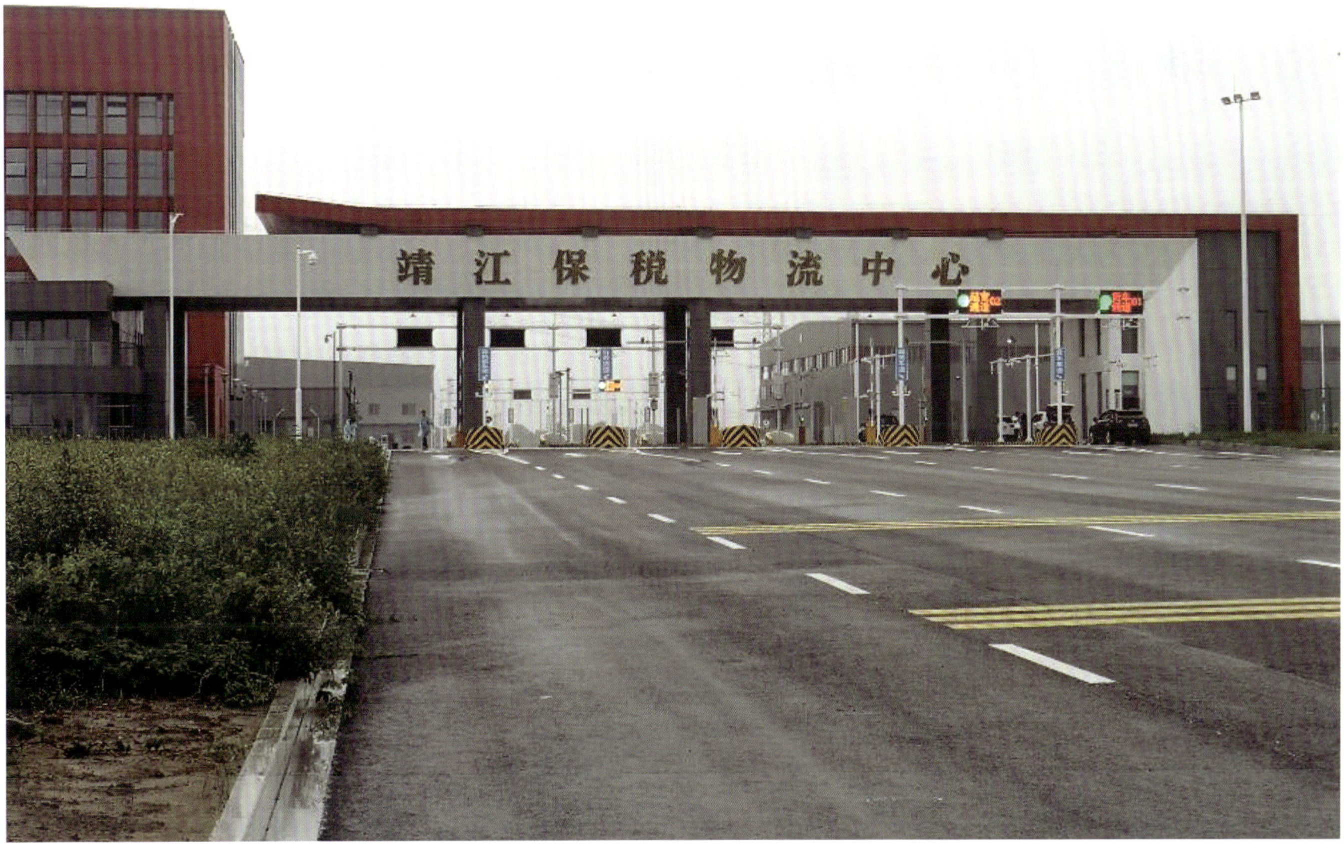
靖江保税物流中心

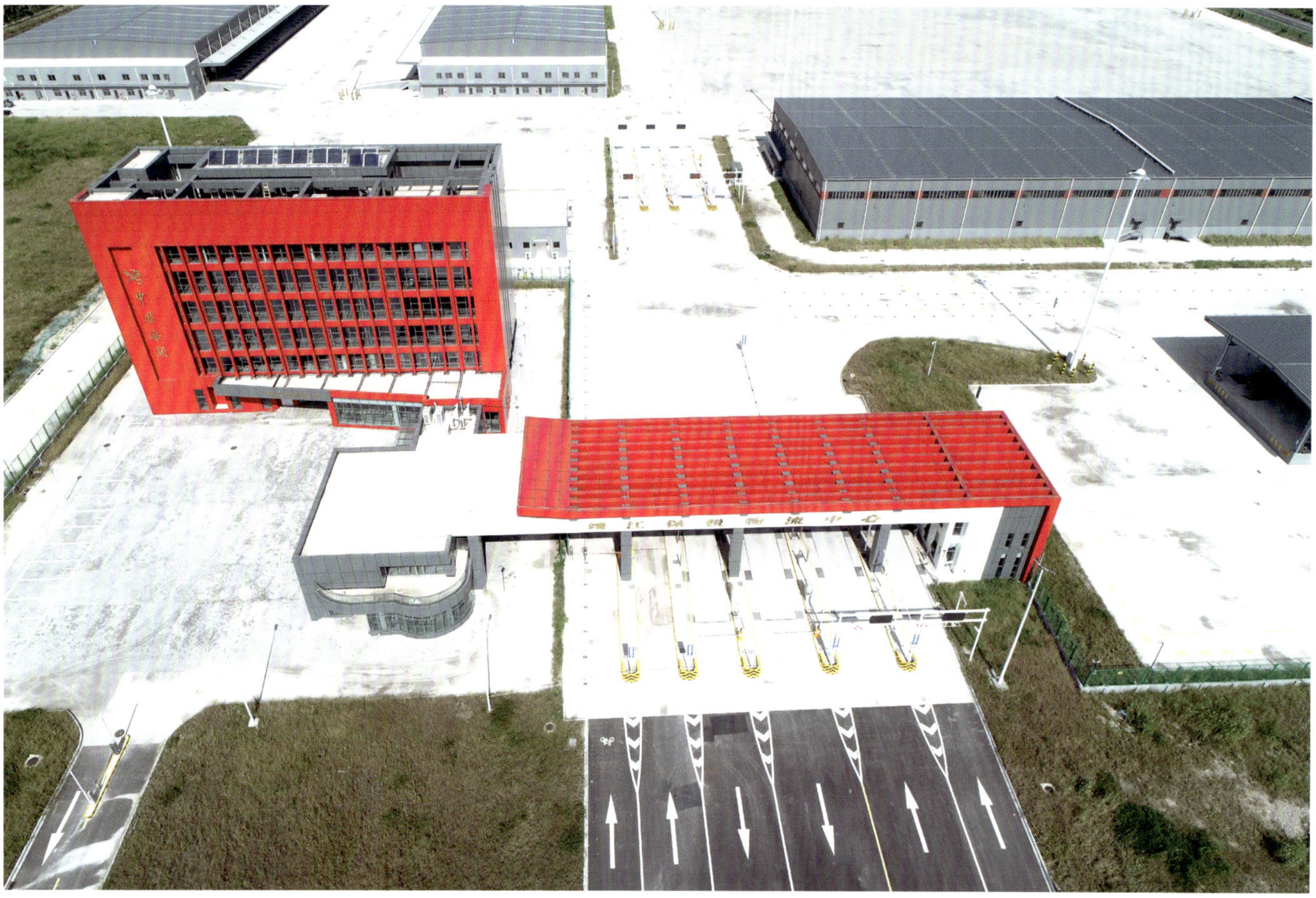

保税物流中心

湖州保税物流中心（B型）

项 目 地 址：浙江湖州
总用地面积：10.15 公顷
总建筑面积：7.01 万平方米
完 成 阶 段：方案设计，初步设计，施工图设计

本项目位于湖州市南太湖新区，共划分为四大功能区块：仓库区、预留检疫区、查验区和办公区。

本项目打造"五大中心"：区域性大宗商品仓储分拨中心、精密材料仓储分拨中心、特色产品出口集拼中心、深加工结转物流中心、跨境电商展销中心。本项目的建成提升了区域承接国际国内优质要素的能力，引领、带动、辐射和服务湖州及周边区域的开放型经济发展。

宜兴保税物流中心（B型）

项　目　地　址：江苏宜兴
总用地面积：15.9公顷
总建筑面积：13.95万平方米
完　成　阶　段：方案设计，施工图设计

随着"一带一路"倡议交汇点建设、长三角一体化战略、上海大都市圈、苏锡常一体化发展、锡常泰跨江融合发展、苏南国家自主创新示范区等加速推进，本项目将为宜兴拓宽发展空间创造重大机遇。

本项目地块西侧从北向南依次布置堆场区、查验区和配套服务区，地块东侧为保税物流区。

保税物流中心

湖州德清保税物流中心（B型）

项 目 地 址：浙江湖州
总用地面积：8公顷
总建筑面积：4.08万平方米
完 成 阶 段：方案设计，初步设计，施工图设计

本项目位于湖州莫干山国家级高新区通航产业园内。

本项目充分发挥了区位优势和政策优势，开展保税物流、保税商品展示交易、跨境电子商务、全球采购和国际分拨等业务。同时，本项目依托德清及周边区域特有的资源和产业基础，以地理信息、通用航空、机械电子、休闲文化、医药化工等产业为侧重点，打造仓储分拨中心、货物转口中心、加工分装中心和跨境电商展销中心等，提升区域承接国际国内优质要素的能力，引领、带动、辐射和服务湖州及周边区域的开放型经济发展。

本项目共划分为四大功能区，分别为物流建筑区、查验区、检疫区和办公区。

阜阳保税物流中心（B 型）

项 目 地 址：安徽阜阳
总用地面积：10.28 公顷
总建筑面积：9.7 万平方米
完 成 阶 段：工程可行性研究，方案设计，初步设计，施工图设计

本项目位于阜阳经济技术开发区内。由于开发区现已形成专用机械装备制造、纺织服装、生物医药及医疗器械、磁性新材料、绿色食品、家居建材六大主导产业，着力打造产业高端、集聚发展的现代产业体系，因此本项目的建成能为供应链企业提供综合物流服务，有利于阜阳营商环境的改善。

本项目共划分为三大功能区：仓储区、海关查验区和办公区。

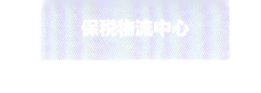

保税物流中心

宿迁保税物流中心（B型）

项 目 地 址：江苏宿迁
总用地面积：15.12 公顷
总建筑面积：12.06 万平方米
完 成 阶 段：工程可行性研究，方案设计，初步设计，施工图设计

本项目位于宿城区洋北镇。

本项目的目标：成为以服务集装箱为特色，以水、公多式联运、中转、仓储、加工、配送为支撑的现代化保税物流中心，服务宿迁市，辐射徐州都市圈、江淮生态经济区的区域物流中心。

本项目共划分为三大功能区：保税物流区、查验区及配套服务区。

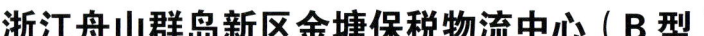

浙江舟山群岛新区金塘保税物流中心（B 型）

项 目 地 址：浙江舟山
总用地面积：23.6 公顷
总建筑面积：12.53 万平方米
完 成 阶 段：工程可行性研究，初步设计，施工图设计

　　本项目位于舟山市金塘岛大浦口集装箱港区后方陆域，金塘岛西南侧的新丰和大浦社区，紧临金塘大浦口集装箱码头，由管理服务区和保税物流区组成。其中，保税物流区又由仓储区、查验区、卡口区组成。

宁德保税物流中心（B型）

项 目 地 址：福建宁德
总用地面积：26.67公顷
总建筑面积：14.7万平方米
完 成 阶 段：工程可行性研究

本项目位于福州港三都澳港区漳湾作业区10#泊位后方，漳湾大道以南区域。本项目的建成对进一步完善宁德市物流行业格局，助推产业转型升级，优化营商环境，培育开放型经济新格局，增强国际竞争力具有重要意义。

本项目共划分为六大功能区：有色金属集散中心、集装箱物流区、保税仓储区、流通加工区、查验区及配套服务区。

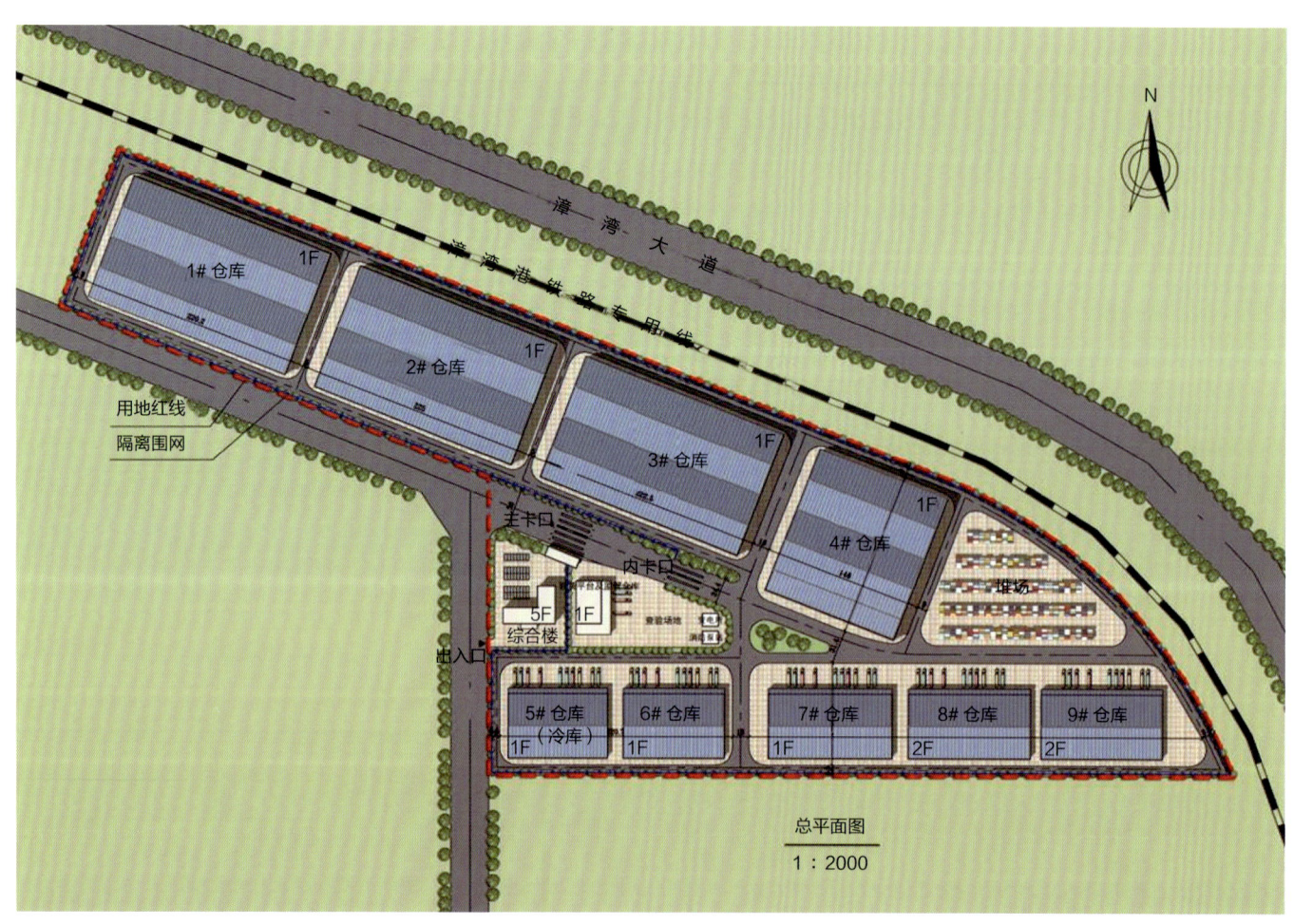

总平面图
1:2000

03
陆港、多式联运中心

内陆港，也称无水港，是指以公路、铁路、航空为依托，在内陆地区建立的，具有报关、报检、签发提单等港口服务功能的物流中心。

嘉诚国际无水港

项 目 地 址：广东广州
总用地面积：12.75 公顷
总建筑面积：43.25 万平方米
完 成 阶 段：方案设计，初步设计，施工图设计

本项目仓库为 5 层，建筑面积为 31.95 万平方米，建筑高度为 44.00 米；1# 多功能厂房为 17 层，建筑面积为 8.65 万平方米，建筑高度为 77.03 米；2# 多功能厂房为 6 层，建筑面积为 4 350 平方米，建筑高度为 23.75 米。

上合组织（连云港）国际物流园铁路装卸场站

项 目 地 址：江苏连云港
总用地面积：19.76 公顷
完 成 阶 段：初步设计，施工图设计

本项目位于上合组织（连云港）国际物流园保税物流中心一期北侧，是园区综合交通运输体系中的重要组成部分，构成园区海铁联运、公铁联运等多式联运体系的基础环节。

本项目建设有铁路装卸作业区、堆存区及生产配套服务区，设贯通式货物线两条，装卸有效长度 980 米。作为集装箱装卸线，铁路装卸作业区配套集装箱堆场面积为 5.3 万平方米。

西安港综合口岸项目（一期）

项 目 地 址：陕西西安
总用地面积：11.89公顷
总建筑面积：8.51万平方米
完 成 阶 段：方案设计，初步设计，施工图设计

2018年6月13日，中欧班列"长安号"（根特—西安）共载160辆进口品牌汽车，从比利时根特出发，经过16天时间，跨越1万多千米抵达西安港。这是陕西进口的首趟整车专列，标志着西安港整车进口口岸的正式运营。

本项目位于西安国际港务区内，主要建设内容包括多层汽车停车库、汽车检测厂房、扣车库、办公大楼等，场地内布置有轿运车装卸区、待检区、装箱区和掏箱区等。

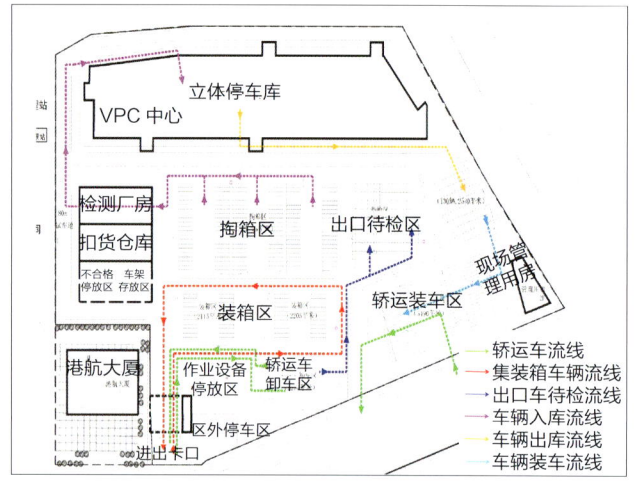

义乌内陆口岸工程

项 目 地 址：浙江义乌
总用地面积：70.04 公顷
总建筑面积：84.83 万平方米
完 成 阶 段：方案设计，初步设计，施工图设计

本项目位于义乌市国际商贸城西侧，距国际商贸城约 1 千米。本项目受城市道路诚信大道分隔的影响，建设用地分为两部分。其中，诚信大道南面为一期工程建设用地。本项目主要建设内容包括一期仓库，二期仓库，综合配套区 A、B 幢，海关监管区，水电配套设施等。

本项目的建成有助于义乌市的外向型经济发展，进一步推动区域内经贸合作和现代物流的发展，为作为国际小商品流通、集散中心的义乌市开辟更为高效、便捷的物流通道。

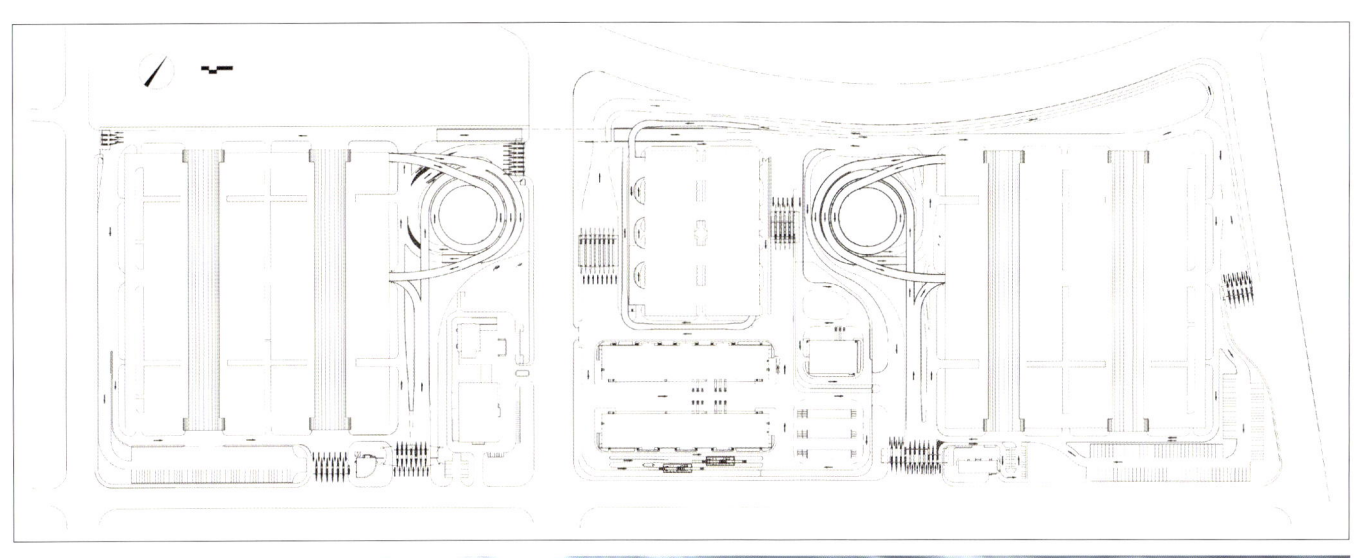

日照港国际物流园

项 目 地 址：山东日照
总用地面积：13.09 公顷（一期）
总建筑面积：4.21 万平方米（一期）
完 成 阶 段：概念性规划，工程可行性研究，方案设计，初步设计，施工图设计

本项目位于日照港石臼港区西作业区以西，日照经济技术开发区的东部。园区地理位置优越，集公路、铁路、海运于一体，可便利实现多式联运。项目总用地共分为三个地块，其中东侧地块包括集装箱堆场区、拆装箱库区及配套服务区，西南地块包括仓储物流区及修车修箱库区，西北地块为仓储物流区及商务办公区。

本项目以电子商务为牵引，以供应链管理和信息化为支撑，以煤炭、铁矿石、钢材等大宗商品和集装箱为重点，建立起大宗商品电子交易平台，提供集信息、交易、物流、金融等服务为一体的全程供应链管理服务，逐步进入现代电子商务贸易领域。

衡阳国际物流港

项 目 地 址：湖南衡阳
总用地面积：305.47 公顷
完 成 阶 段：产业策划

本项目位于衡阳市珠晖区白沙绿岛内，以京广铁路和湘江货运港口为依托，在湘江衡阳段南岸、蒸湘南路东侧、京广铁路线及国道 107 沿线划定规划范围。本项目规划包括铁路片区、港口片区、城市综合片区共三个片区。

基于产业战略需求，本项目将打造七大产业功能区：港口作业区、铁路作业区、综合服务功能区、临港产业功能区、综合商贸物流功能区、保税物流和公路港功能区、城市综合物流园区。

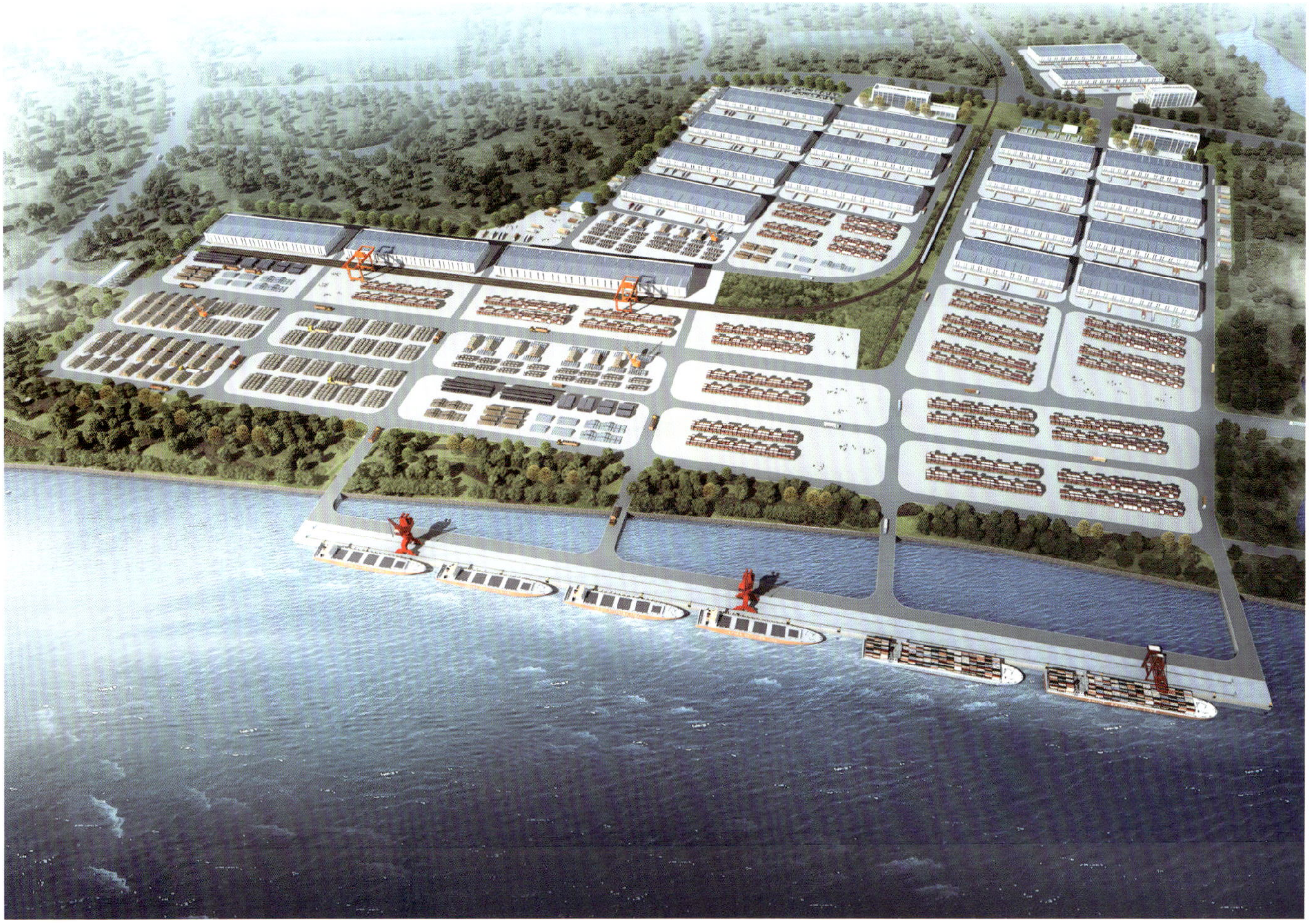

鹰潭国际陆港

项 目 地 址：江西鹰潭
总用地面积：5.03 公顷
总建筑面积：4.65 万平方米
完 成 阶 段：工程可行性研究，方案设计，施工图设计

本项目位于鹰潭国际综合港经济区内。根据项目功能定位，紧密依托现代信息技术手段，综合考虑结合东侧海关监管场所布局，采取货物分流、区域分设、程序分列的管理方法，实行"一线放开、二线管住、区内自由"的封闭化、信息化、集约化的监管模式，努力做到手续简化、通关便捷、物流畅通、运作高效，实现与国际接轨。

本项目主要建设内容包括物流仓库、冷库、停车场、道路、巡逻道及配套管理设施。

三明陆地港

项 目 地 址：福建三明
总用地面积：63.67 公顷
总建筑面积：63.24 万平方米
完 成 阶 段：工程可行性研究

　　本项目位于福建省三明市沙县三明现代物流产业开发区内。本项目场地为东北至西南走向，根据项目用地的使用性质与基地的区域位置，将港区沿着东北侧的三条铁路线（杭广、向蒲、鹰厦）展开，集中布置物流园区域。在用地的西南侧布置商服区，两区中间规划一条30米宽的道路，使两个区域既相辅相成，又各自成为一个相对独立完整的功能区。

宣城国际陆港

项 目 地 址：安徽宣城
总用地面积：6.55 公顷
总建筑面积：2.89 万平方米
完 成 阶 段：工程可行性研究，方案设计，施工图设计

　　本项目位于宣城市高新区。宣城国际陆港项目按照"三中心一平台"（多式联运枢纽物流中心、工业智能库存中心、快消品分拨配送中心、供应链金融及物流信息服务平台）的功能定位，打造多式联运和物流信息服务的平台，与宁波舟山港形成联动，以全业务链的方式组织和衔接铁路运输及港口作业，构建完善的多式联运体系。项目建设包括仓库、服务中心、堆场等。

　　本项目为一期工程，共划分为三大功能区：堆场区、综合服务区和仓储区。

无锡西站物流园

项目地址：江苏无锡
规划面积：520 公顷
完成阶段：概念性规划

    本项目位于无锡市惠山区，目的为打造内外贸一体化、线上线下一体化，集物流港、信息港、金融港、贸易港及智慧港五港合一的综合性现代物流园区。

    本项目空间布局上围绕西站物流园多式联运基础设施，构建"一线一港，南北两区"的空间布局结构。基于国家物流枢纽战略发展需求，打造五大功能区，分别为枢纽经济区（平台经济）、城市配送功能区、内贸（钢铁供应链）功能区、公铁水多式联运功能区、外贸（保税）功能区。

贵阳国际陆港（二期）项目

项目地址：贵州贵阳
规划面积：133.33 公顷
完成阶段：概念性规划

本项目位于贵阳综合保税区西南侧，其围绕国际陆港的主导功能，形成五大功能区：铁路作业区、综合服务区、临港物流功能区、综合商贸物流功能区、综合物流园区。

2022年，东盟国际货物"中老铁路+中欧班列"过境模式在贵州落地，贵阳国际陆港成为国内国际双循环链接中心。

本项目将成为新时代内陆开放型经济的创新高地，围绕国际陆港，具有国际贸易、总部经济、金融服务、海关监管等功能，体现国际化，成为贵阳国际陆港的核心功能区。

宁德市水路联运中心二期工程

项 目 地 址：福建宁德
总用地面积：8.26公顷
总建筑面积：7.33万平方米
完 成 阶 段：方案设计

本项目位于宁德市漳湾镇漳湾港区疏港路北侧、下塘路西侧、上塘路南侧。本项目以漳湾作业区码头、铁路等设施为依托，腹地范围主要为漳湾临港工业区并辐射宁德地区，服务对象主要为地区内宁德时代、宁德新能源等核心企业及其下属企业，聚焦四大主导产业对物流服务体系新的需求，特别是对多式联运体系的需求，以"新能源汽车、锂电新能源"为核心服务产业，以"不锈钢新材料、铜材料"为辅助服务产业。本项目以漳湾作业区公用码头、衢宁铁路作业场站、高速公路运输为依托，提供物流分拨、公共仓储、国际配送等核心服务，并延伸至供应链管理、多式联运、信息平台等综合物流服务，建立多式联运体系和信息服务平台，打造服务漳湾临港工业区并辐射宁德地区的"智能、共享、规范、高效、绿色"的水陆联运中心。

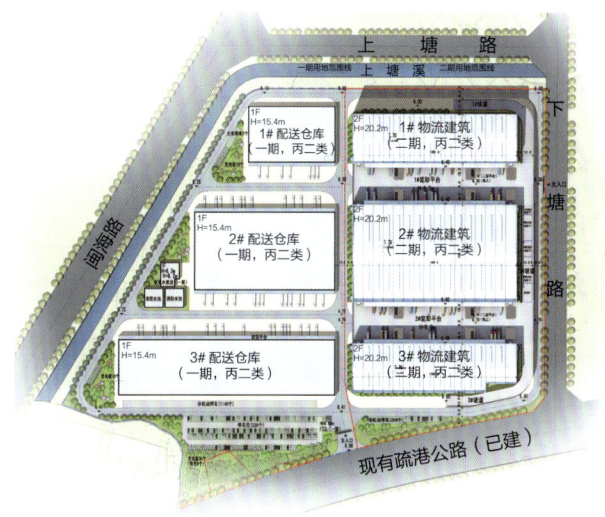

陆港、多式联运中心

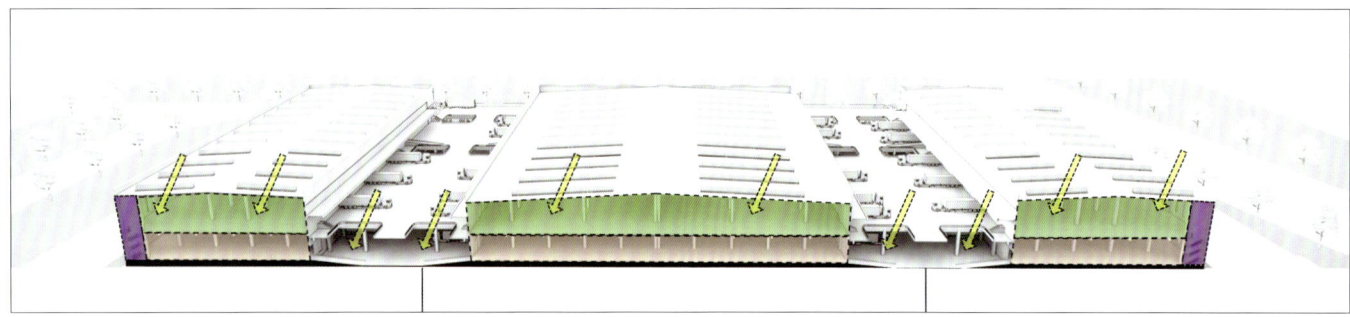

04

综合、专业物流园区

混合型或基于某专项产业货品的收发、储存、装卸、搬运、分拣、物流加工等物流活动的专门园区。

派河物流园公共物流中心

项 目 地 址：安徽合肥
总用地面积：9.76 公顷
总建筑面积：8.80 万平方米
完 成 阶 段：工程可行性研究，方案设计，初步设计，施工图设计

本项目位于合肥市经开区派河国际综合物流园内。本项目具备产业优势和综合交通的基础条件，充分运用多式联运的优势，完善货物集散、货源组织、货物配载、中转与仓储、多式联运、物流信息、服务与管理的功能，与公路、铁路等组成多式联运，进一步发挥物流中心的整体竞争能力。

本项目主要分为公铁水多式联运中心（含堆场）、高端制造智能库存中心、快消品分拨中心三大板块，依托综合服务中心打造供应链金融及物流信息服务平台。

宁波梅山国际汽车物流中心

项　目　地　址：浙江宁波
总用地面积：28.62公顷
总建筑面积：1.49万平方米
完　成　阶　段：工程可行性研究，方案设计，初步设计，施工图设计

本项目位于宁波梅山保税港区（产业集聚区）南侧。

梅山口岸与全国其他口岸相比，拥有独特的优势，可将梅山整车进口口岸建设成世界一流的，国内第一个由贸易港区与汽车交易市场、汽车物流基地、汽车产业基地连为一体的，布局合理，配套功能完善，软硬件环境优良的进出口汽车专用港区。

本项目主要建设内容包括室内停车库、综合服务中心、水电配套用房等。

中远海运物流南通通海物流园

项 目 地 址：江苏南通
总用地面积：32.24 公顷
总建筑面积：23.58 万平方米
完 成 阶 段：工程可行性研究

本项目位于南通经济技术开发区通海集装箱港区后方。本项目充分利用南通经济技术开发区、南通综合保税区与通海港区港口优势，结合本地和国际市场需求、产业基础和交通基础设施网络，以物流产业为依托、以增值产业为核心、以供应链管理和信息化为引领，打造基于仓储节点的产业生态系统，建成具有重要影响力的集信息、交易、物流、金融等服务为一体的"智能、共享、规范、高效、绿色"的港口供应链管理服务基地和长江经济带物流枢纽。

本项目共划分六大功能区：智慧港口物流中心、化工品区域分拨中心、制造业智能库存中心、保税期货交割库区、定制化立体库区、供应链金融及信息服务中心。

武汉汽车物流多式联运基地项目

项 目 地 址：湖北武汉
总用地面积：17.05 公顷
总建筑面积：9.31 万平方米
完 成 阶 段：方案设计，施工图设计

本项目位于武汉经济技术开发区（汉南区）内。本项目依托武汉港区优越的产业及综合集疏运发展条件，打造新常态下上规模高档次的集汽车滚装运输、维修、循环利用、检测及智慧物流于一体的新型汽车物流运输中心。通过多种业态的集聚，在传统物流的基础上创新发展新业态、新服务。

基于武汉在全国综合运输体系中承东启西、连接南北的枢纽位置，以及当地汽车产业支柱地位，结合本项目自身特点，本项目的功能定位是：中部地区汽车供应链综合服务基地，打造长久物流在长江流域商品车多式联运的主枢纽，武汉及华中地区汽车零部件供应链金融的载体。

本项目建设内容主要包括办公用房、轿运车辆维修、PDI 检测房、汽车循环利用车间、物流仓库及水电配套设施等。

济北智慧物流园区云仓基地

项 目 地 址：山东济南
总用地面积：23.25 公顷
总建筑面积：12.89 万平方米
完 成 阶 段：修建性详细规划，方案设计，初步设计

本项目位于济南交运怡亚通供应链中心项目内，共划分为四大功能区：商务、云仓、冷链和多式联运。

综合商务区包括供应链总部基地、科研孵化中心、电子商务中心、综合服务中心和公寓及配套服务设施，是物流园区的重要功能区。

冷链产业区主要进行预制菜加工，生鲜、果蔬、肉类制品、医药品等的流通加工服务，建设中央厨房、自动化立体冷库、普通双层冷库等项目。

多式联运中心依托铁路、公路、航空物流，为济南地区的远距离货物运输提供一站式货运服务，简化托运手续，降低运输成本，节省运杂费用，提高运输组织水平，实现合理化运输。

本项目属于其中的云仓基地和供应链结算中心，是整个园区的先行项目。

浙江东缘油脂多式联运物流仓储

项 目 地 址：浙江嘉兴
总用地面积：3.97 公顷
总建筑面积：2.95 万平方米
完 成 阶 段：方案设计，初步设计，施工图设计

本项目位于嘉兴乍浦。本项目具备产业优势和综合交通的基础条件，具有与周边码头相配套的功能，可充分运用多式联运的优势，完善货物集散、货源组织、货物配载、中转与仓储、国内外货运代理、多式联运、物流信息、服务与管理的功能，完善进出口贸易、报关、通关、货物装卸、仓储、展示、分拨配送等转口贸易功能和港口综合服务功能，与公路等组成多式联运，进一步发挥物流中心的整体竞争能力。

本项目建设内容主要包括高架立体自动化仓库、双层仓库、办公用房、水电配套设施等。

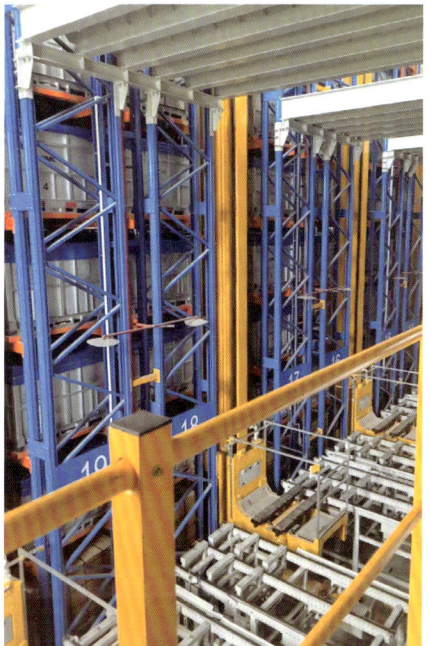

中谷（临港）国际集装箱供应链仓储物流基地项目

项　目　地　址：上海临港
总用地面积：6.03 公顷
总建筑面积：7.83 万平方米
完　成　阶　段：工程可行性研究，方案设计，施工图设计

上海自贸区临港新片区地处东海之滨，是长江经济带和 21 世纪海上丝绸之路的战略交汇点，是长三角沿海大通道的重要节点，是中国面向未来发展的重要战略空间之一。

本项目位于临港新片区的仓储转运区。本项目所在地位于重要的物流资源聚集地和市场高地，周边同类型物流园区和物流企业较多，但多为仓储类和公路运输类企业。本项目将发挥国内第二大集装箱航运企业的物流网络和客户货值优势、沿海大南北航线优势、长江内河航线优势及集装箱运输的绿色优势，赋能新片区内的物流企业。

本项目建设内容主要包含三座多层物流建筑（含辅房、屋顶停车场）、盘道和装卸平台、卡口、装拆箱场地、水电配套设施等。

厦门海沧供应链物流项目

项 目 地 址：福建厦门
总用地面积：2.39 公顷
总建筑面积：2.46 万平方米
完 成 阶 段：工程可行性研究，方案设计，施工图设计

2015 年 4 月 21 日，福建自贸试验区厦门片区挂牌成立，赋予了海沧区新的历史使命和任务。

本项目位于厦门市海沧港区 13# 泊位后方。依托厦门海沧区港铁物流产业集群的发展目标，本项目充分利用自贸区与港口优势，结合本地和国际市场需求、产业基础和交通基础设施网络，以港口物流产业为依托、以增值产业为核心、以供应链管理和信息化为引领，打造物流仓储、集拼中转及供应链金融三大板块。

本项目建设内容主要包括双层物流仓库、坡道、装卸平台、水电配套设施等。

05
多、高层物流仓库

多、高层仓库是指两层以上的物流仓库，大多采用钢筋混凝土结构，占地面积小，仓库容量大。

上海外高桥港综合保税区 K3、K5 仓库

项 目 地 址：上海浦东
总用地面积：20.45 公顷
总建筑面积：27.83 万平方米
完 成 阶 段：方案设计，初步设计，施工图设计

K3、K5 仓库北面是已建成的集装箱转运区（出口、进口）、调度中心、国际中转区 A、国际配送区 A，南面是规划中的国际采购区 A、国际采购区 B。

K3 仓库主要有 K3-6、K3-7 仓库，其中 K3-6、K3-7 仓库二层操作场地通过连接桥连接；K5 仓库主要有 K5-8、K5-9 仓库，K5-8、K5-9 仓库二层操作场地通过连接桥连接。K3 仓库与 K5 仓库的两层操作场地通过地块的连接桥连接；K3 仓库的东侧设有 K3 高架路，K5 仓库的西侧设有 K5 高架路，集卡分别通过两条高架路上到二层作业场地，K3 高架路和 K5 高架路各为一上一下两车道，分别与申非路和申亚路相接。

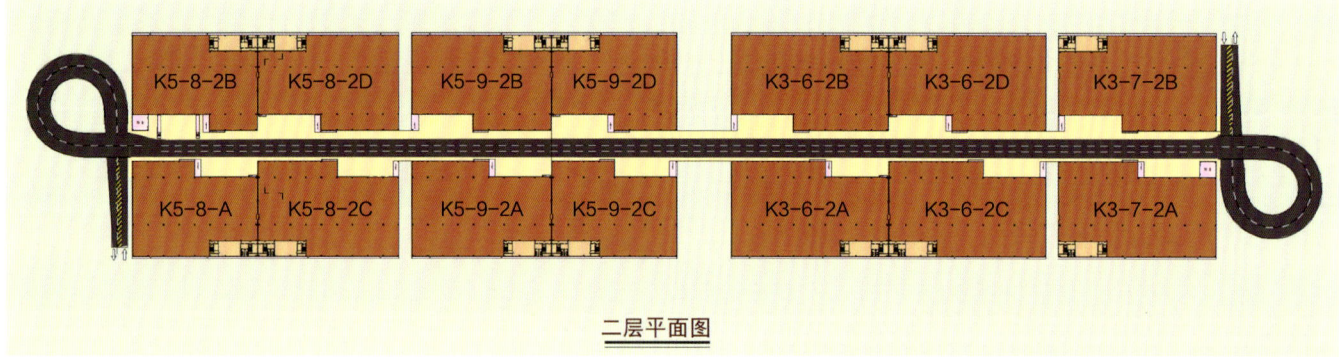

二层平面图

上海外高桥港综合保税区 K6 仓库

项 目 地 址：上海浦东
总用地面积：9.74 公顷
总建筑面积：21.41 万平方米
完 成 阶 段：方案设计，初步设计，施工图设计

K6 地块共设 10 栋三层库，货运车辆通过东侧盘道上二层装卸平台和三层装卸平台，由西侧盘道下行。通过盘道连接垂直交通，方便装卸操作，节省空间。

为充分利用场地空间，将泵房等设备辅助用房、部分停车位设置在盘道中央空地处。仓库分为南北两排，中间设置配送车辆高架车道与各仓库连接。仓库在靠近申河路设置车辆上行汽车盘道，在高汉路布置车辆下行汽车盘道。

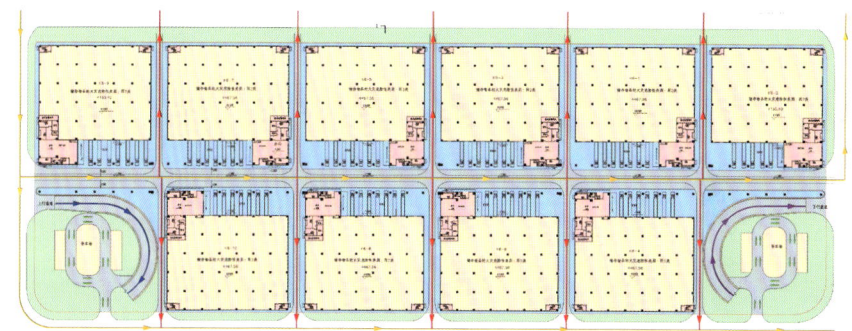

一层平面图

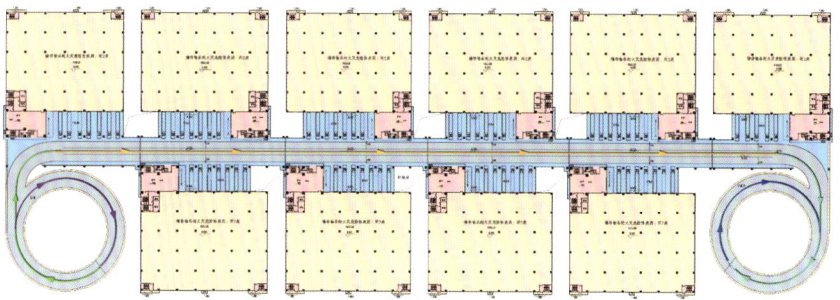

二层平面图

南沙保税物流园区 5# 仓库

项 目 地 址：广东广州
总用地面积：4.27 公顷
总建筑面积：5.86 万平方米
完 成 阶 段：方案设计，初步设计，施工图设计

　　本项目位于广州南沙综合保税区东北角，南侧毗邻已建的查验平台，北侧和东侧临近园区围网。

　　本项目由 3 座仓库和综合服务区等组成。

　　根据地块所处的位置、项目内车辆的交通组织设计及物流仓库二层的车流量、通过在装卸通道内车辆交通的计算机模拟和实地模拟实验，设计团队将二层汽车上、下坡道合并设置，采用一上一下双车道坡道，设在物流仓库的东北面，节约坡道的建设用地。

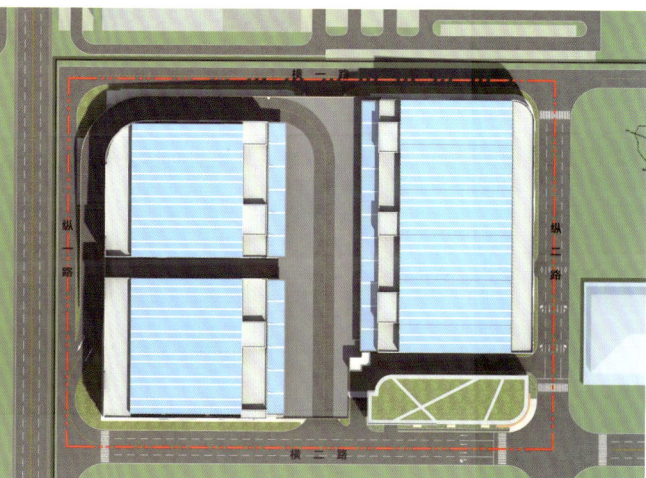

多、高层物流仓库

粤港澳大湾区国际分拨中心 9# 仓库

项 目 地 址：广东广州
总用地面积：11.68 公顷
总建筑面积：45 万平方米
完 成 阶 段：方案设计，初步设计，施工图设计

本项目位于广州南沙综合保税区内。建筑为五层，是目前国内最大的单体通用性物流建筑。

本项目具备产业优势和综合交通的基础条件，可充分运用多式联运的优势，完善货物集散、货源组织、货物配载、中转与仓储、多式联运、物流信息、服务与管理的功能，与公路、水路等组成多式联运，进一步发挥分拨中心的整体竞争力。

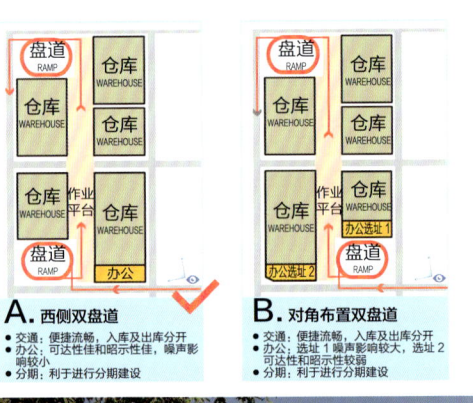
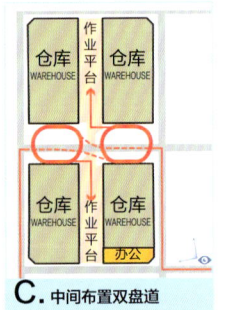
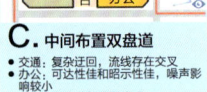
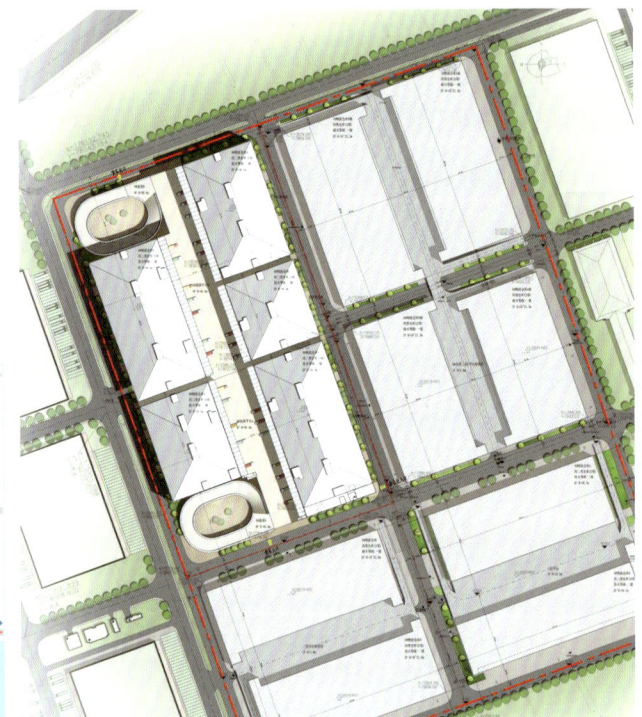

连云港国际汽车绿色智能物流中心

项 目 地 址：江苏连云港
总用地面积：3.02公顷
总建筑面积：7.20万平方米
完 成 阶 段：工程可行性研究，初步设计，施工图设计

本项目选址于墟沟西作业区61#—62#泊位后方，位于自贸区港航中心内。本项目围绕绿色港口建设规划，将低碳、智能理念融入项目方案中。

本项目主要建设一座进出口小汽车立体停车库，分为车辆配套（含清洗、检测等）区、临时停车区、立体自动化无人停车区三大功能片区。

立体停车库建筑共计5层，为高层仓库，首层设置改装区：设备用房、停车库出入口及停车库控制用房等；2～5层为无人员操作的自动化商品车储存区，整个立体停车库共可储存5 200辆商品车，具备年周转18万台车的能力。

嘉诚国际无水港高层仓库工程

项 目 地 址：广东广州
总用地面积：12.75 公顷
总建筑面积：32 万平方米
完 成 阶 段：方案设计，初步设计，施工图设计

本项目仓库为五层，建筑面积为 31.95 万平方米，建筑高度 44.00 米；1# 多功能厂房为 17 层，建筑面积 8.65 万平方米，建筑高度 77.03 米；2# 多功能厂房为六层，建筑面积 4 350 平方米，建筑高度 23.75 米。

本项目总体布置以仓库部分布置为主体，主要考虑物流运营操作的便捷性。1#、2# 多功能厂房为本物流仓库提供配套等相关服务，为避免过多占用仓库部分用地，将 1# 多功能厂房设置于该地块的东面，并在地块的东南角设置 2# 多功能厂房。同时，在 1# 多功能生产性厂房的二、四、六、八层共四层设连廊与仓库装卸通道连接，使两单体既相对独立，又能与仓库有机联系，便于管理。

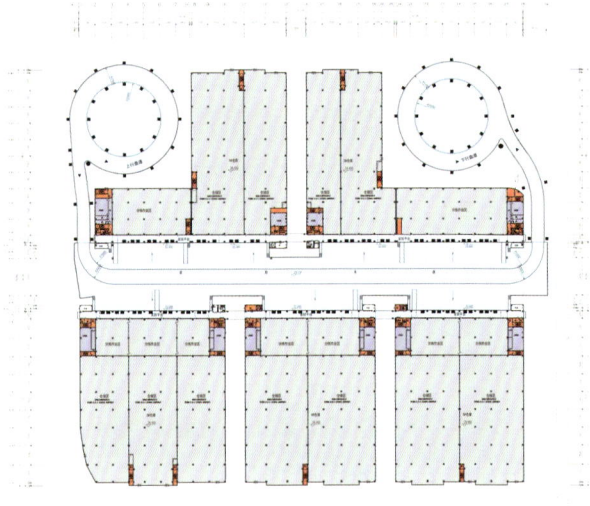

天运多功能国际物流中心

项 目 地 址：广东广州
总用地面积：7.51 公顷
总建筑面积：12.62 万平方米
完 成 阶 段：方案设计，初步设计，施工图设计

本项目位于广州南沙综合保税区内，与嘉诚国际无水港物流基地一并实现两大物流基地无缝衔接，充分实现双核驱动，发挥粤港澳大通关及通关一体化的优势，为制造业企业及电子商务企业提供个性化的全球物流解决方案，并提供全程物流服务。

本项目由仓库（包括四个仓库单元、通道和操作场地），司机休息房，水电配套用房及进、出卡口组成。四个仓库单元由一、二层的横向通道及操作场地联系在一起。仓库西侧设有上行汽车坡道，东侧设有下行汽车坡道，上、下行汽车坡道均为单车道，车辆可通过坡道直通二层进行装卸作业。

嘉诚国际（海南）多功能数智物流中心

项 目 地 址：海南海口
总用地面积：5.33 公顷
总建筑面积：21.33 万平方米
完 成 阶 段：方案设计，初步设计，施工图设计

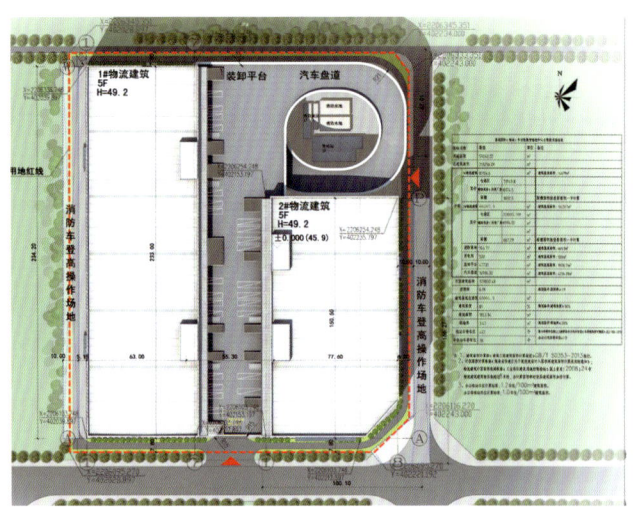

本项目位于海口综合保税区内，依托海口综合保税区的区位优势，充分发挥配套设施齐全的服务功能优势，灵活运用海南自贸港税收政策，以推动制造业、电子商务企业、商务企业与物流业联动发展的一站式物流服务为特色，建立建设现代化、综合性、多功能的大型物流中心。

本项目主要建设内容为 1# 物流建筑（5 层）、2# 物流建筑（5 层）、装卸平台、汽车盘道、水电配套设施等。

06
电商物流园

基于网络销售的仓储物流建筑园区，一般分为国内电商物流园区和跨境电商物流园区。

宁波易海电商仓储产业园项目

项　目　地　址：浙江宁波
总用地面积：8.41 公顷
总建筑面积：8.17 万平方米
完　成　阶　段：方案设计，施工图设计

本项目地处宁波市北仑区，位于浙江省陆地的最东部。宁波为中国海岸线中枢，是中国重点沿海港口城市之一。本项目拥有明显的地理和交通优势、完善的市政公用配套设施及极佳的科技创新等诸多发展优势，形成一个独特的可持续发展的产业环境，使企业充分得到和谐共存的发展。

本项目主要建设内容为二层电商仓库，1 号、2 号仓库均设双侧月台，3 号仓库为单侧月台，项目通过坡道通往二层仓库。

电商物流园

易商长沙电子商务及零售物流园项目二期工程

项 目 地 址：湖南长沙
总用地面积：6.79公顷
总建筑面积：6.74万平方米
完 成 阶 段：方案设计，初步设计，施工图设计

本项目位于湖南省长沙市长沙经济技术开发区内，工程分一期、二期。

本项目的建设目的为推动大数据与电商的深度结合，加速消费者与商品的感知触碰，实现线上与线下的连接互通，催生传统商贸提质与现代商贸布局融合发展的新格局。

红易宁南国际仓储配送中心工程

项 目 地 址：浙江宁波
总用地面积：6.52 公顷
总建筑面积：3.70 万平方米
完 成 阶 段：方案设计，施工图设计

本项目地块位于浙江宁波，主要建设两栋单层门式刚架钢结构的丙类仓库。

本项目的建成，为宁波周边及浙江的经济发展提供强大的物流支撑。

嘉兴综合保税区跨境电商运营中心

项 目 地 址：浙江嘉兴
总用地面积：6.69 公顷
总建筑面积：7.90 万平方米
完 成 阶 段：初步设计，施工图设计

  2015 年 1 月，经国务院批准设立嘉兴综合保税区。

  本项目位于嘉兴综合保税区 A 区范围内。本项目依托良好的区位交通条件、优越的政策环境、雄厚的产业基础，为跨境电商的发展提供有力支撑。

  本项目布局两座跨境电商库，均为双层库。其中，一层两面作业，二层通过坡道至装卸平台单面作业。

山东高速西海岸智慧物流产业园

项 目 地 址：山东青岛
总用地面积：24.8 公顷
总建筑面积：11.36 万平方米
完 成 阶 段：方案设计，初步设计，施工图设计

本项目位于青岛市黄岛区前湾港区后，分为西海岸公路物流港、电子商务综合产业园、保税物流区以及综合服务区四大功能板块。

西海岸公路物流港布置于园区的西北部，包括配货棚、汽车修理厂、油气站及公共停车场四个部分。

电子商务综合产业园位于园区中部，分为电商仓库区和冷库区两部分。

保税物流区布置于园区的南部，设置专用出入口，便于独立封闭监管。

综合服务区布置于园区东北侧，建设综合服务中心和配套停车场，具备企业办公、业务办理、物流信息交易、金融服务、商务咨询、餐饮住宿等功能。

07
农批市场、冷链物流

农产品批发市场简称农批市场，是以粮油、畜禽肉、禽蛋、水产、蔬菜、水果、茶叶、香辛料、花卉、棉花、天然橡胶等农产品及其加工品为交易对象，为买卖双方提供长期、固定、公开的批发交易设施设备，并具备商品集散、信息公示、结算、价格形成等服务功能的交易场所。

冷链物流（Cold Chain Logistics）一般指冷藏冷冻类食品在生产、贮藏运输、销售，到消费前的各个环节中始终处于规定的低温环境下，以保证食品质量，减少食品损耗的一项系统工程。它是随着科学技术的进步、制冷技术的发展而建立起来的，是以冷冻工艺学为基础、以制冷技术为手段的低温物流过程。

冷链物流一般涉及初级农产品、加工食品、其他特殊商品等。

上海西郊国际农产品交易中心

项 目 地 址：上海青浦
总用地面积：55.13 公顷
总建筑面积：25 万平方米
完 成 阶 段：概念性规划

上海西郊农产品交易中心位于青浦区华新镇，是上海及长三角地区现代化、综合性的农产品中央批发市场，是 2009—2012 年上海市重大工程之一。

西郊国际工程规划为未来上海市唯一的主中心农产品批发市场，将发挥其在城市粮食、蔬菜、肉类、水果、水产品等食用农产品流通、货物集散、信息发布、价格形成等方面的主导作用。同时，复合配套多重功能，形成上海独具魅力的都市美食和城市活力体验地。

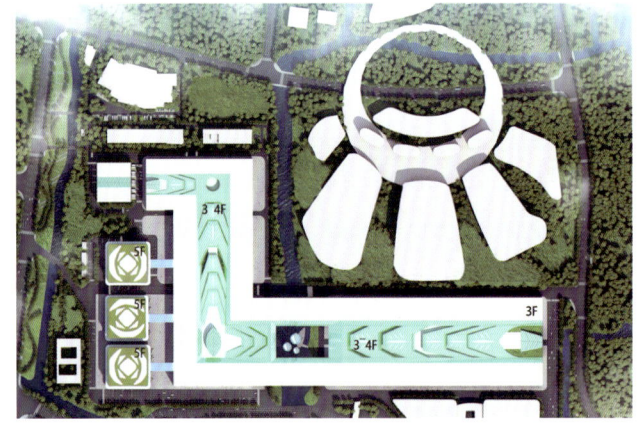

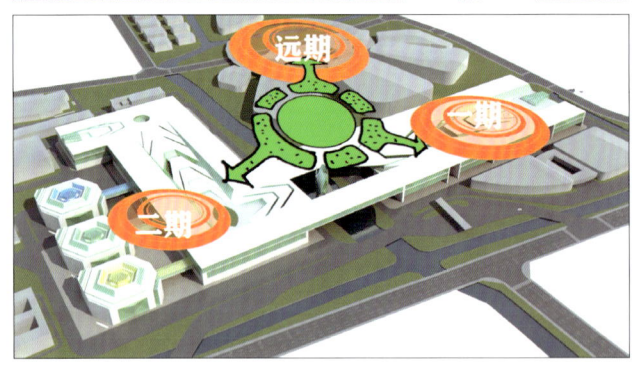

规划考虑西郊国际的整体协调共生，全面整合蔬菜集团现有板块功能，支撑未来发展趋势，注重考虑本期与已建建筑群落的交通、空间、形态及氛围的衔接和互融。

规划突出物流建筑群特点，外部交通组织以便于车辆装卸运输的大场地、大交通为主；内部建筑方正大体量、大空间，便于货架、自动化设备布置，提升物流输送效率，提高土地使用效率，生出更多用地发展衍生功能。

以西郊国际主业农产品交易为主轴，组成整个地块的组织构架核心。在这个框架下可以自由连接原有功能板块，容纳新的功能，形成汇聚整个西郊资源的态势，在基地内部形成人气聚集的同时，建筑空间也回应了城市与环境的关系，形成了优质的景观和丰富的活动体验场景。

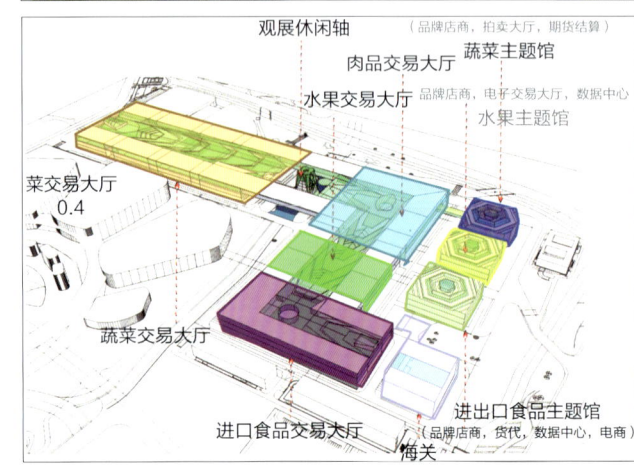

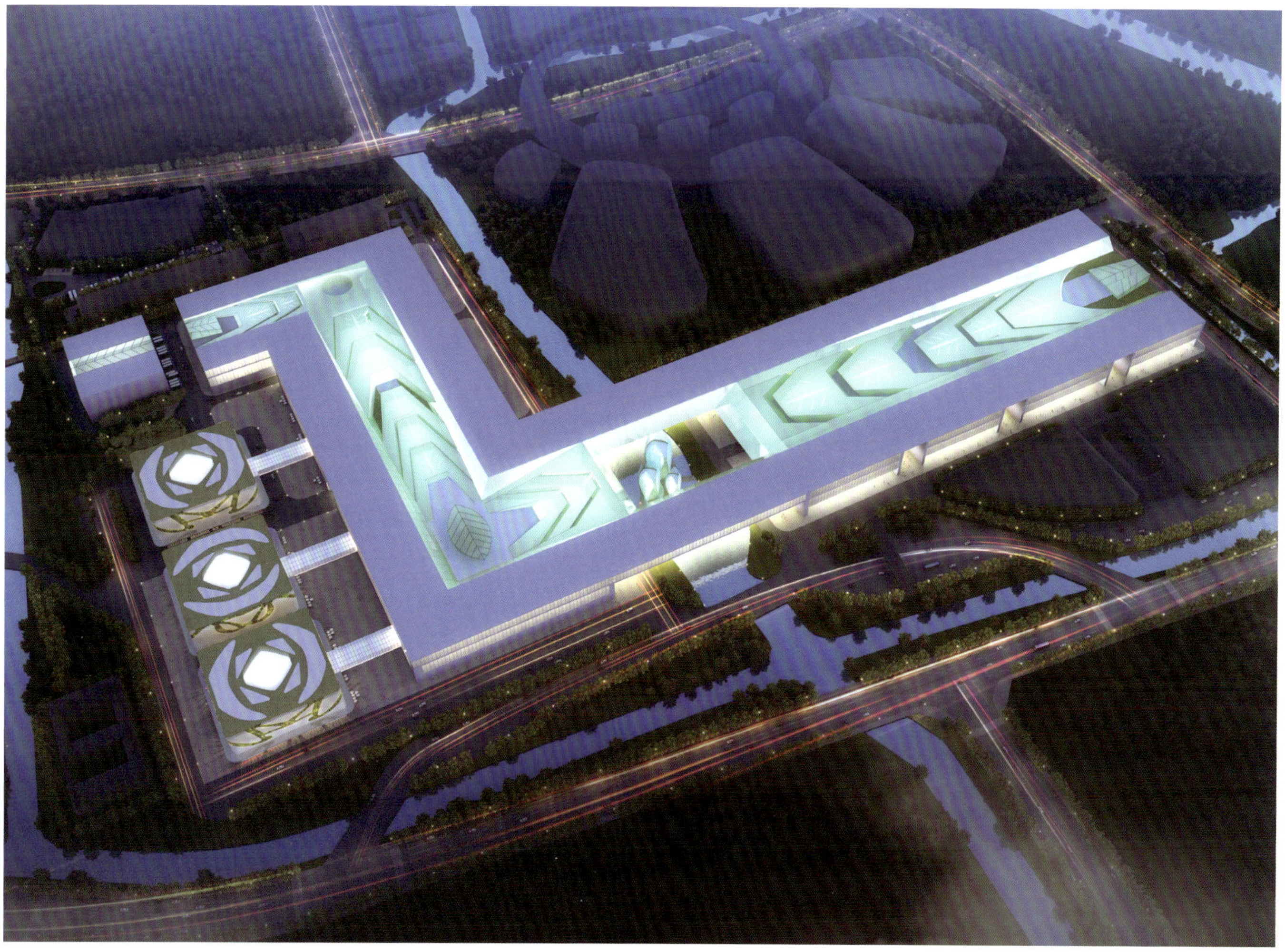

福州（连江）国家远洋渔业基地水产品交易中心

项 目 地 址：福建福州
总用地面积：11.07 公顷
总建筑面积：13.47 万平方米
完 成 阶 段：方案设计

本项目位于福州东部，连江县南部，距离福州市 40 千米，距离连江县城 10 千米，距离马尾港区 20 千米。项目共分两期，一期总规划面积为 110 余亩，建筑面积为 8.5 万平方米，二期工程（远洋渔都宾馆项目）目前已进入设计规划阶段。

本项目的目标是打造集泛太平洋地区远洋进口水产品现货及电子交易中心、冷链物流中心、渔需补给交易中心、远洋渔业企业中心、综合配套服务中心等多功能为一体的，具有国际影响力的水产品交易市场。

本项目基于开放平台，整合水产品全产业链上下游企业和机构的技术研发、加工贸易、品质溯源、仓储物流、金融服务、政策扶持等资源，在平台上实现标准化、数字化、信息化和智能化，通过云计算、物联网、大数据、区块链、人工智能等新一代信息技术，引领我国水产品产业数字化转型升级。

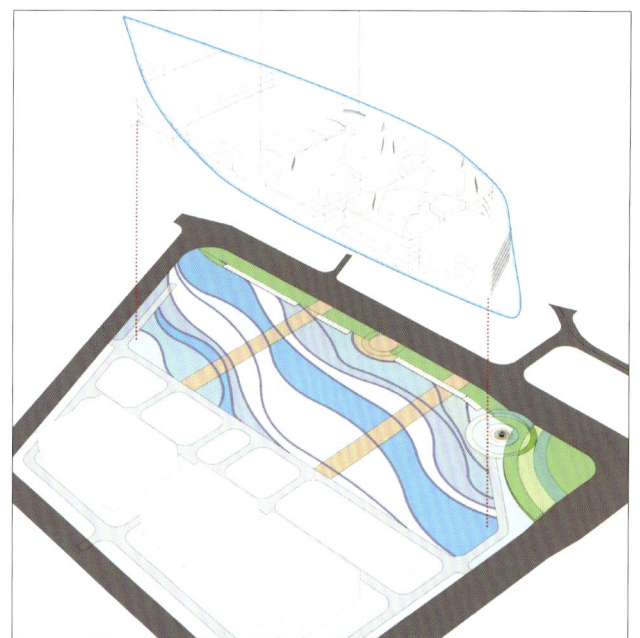

农批市场、冷链物流 / 123

江阴大昌行食品加工物流园项目

项 目 地 址：江苏江阴
总用地面积：13.34 公顷
总建筑面积：2.11 万平方米
完 成 阶 段：方案设计，施工图设计

本项目位于江阴市城西的临港经济开发区境内，集保税仓储中心、食品包装中心、食品加工中心、冷链配送中心于一体，形成大昌行华东地区食品加工物流基地，主要用于发展牛肉及其他加工、中央厨房、食品加工、OEM 代加工等业务。

本项目主要建设中央厨房、配套冷库、水电配套设施等。

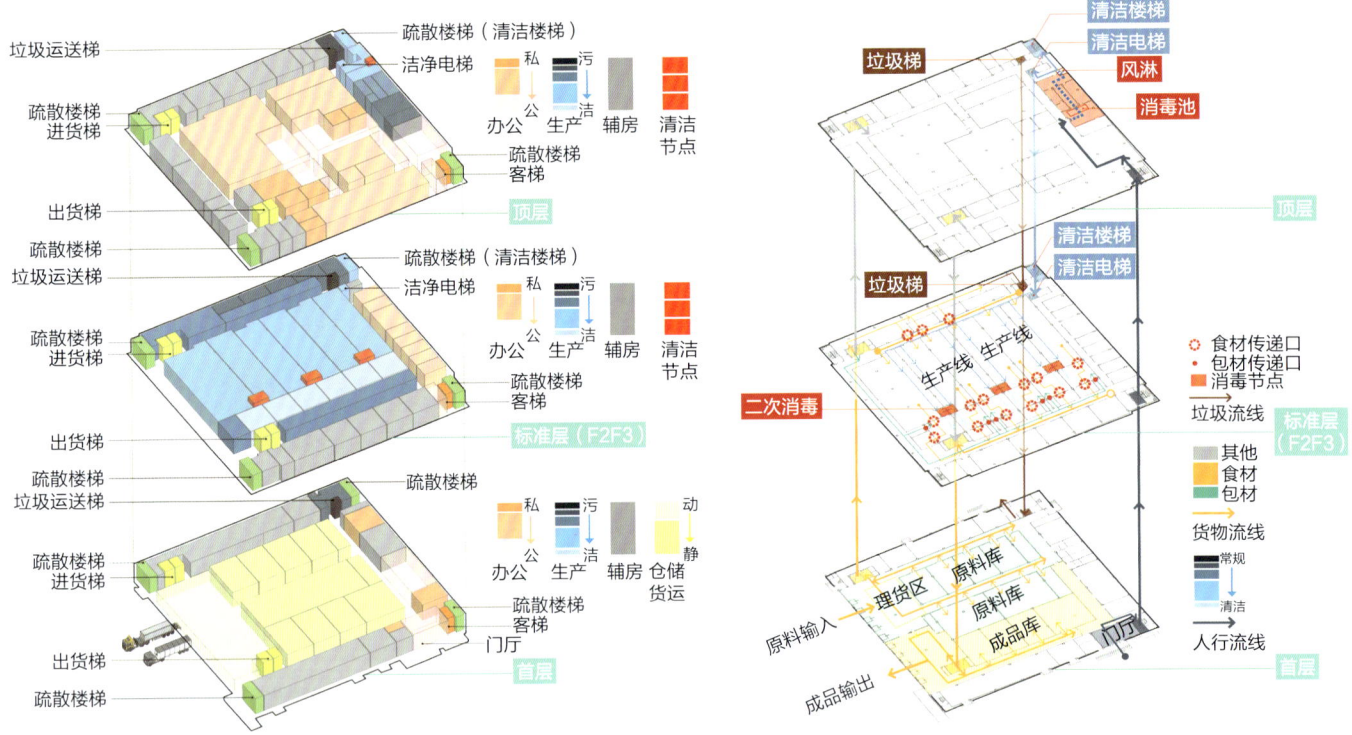

舟山港综合保税区本岛分区公用仓储物流冷藏库工程

项 目 地 址：浙江舟山
总用地面积：15.38 公顷
总建筑面积：5.14 万平方米
完 成 阶 段：方案设计，初步设计，施工图设计

本项目选址于舟山港综合保税区本岛分区公用仓储物流园区 A 区东北侧，是舟山港综合保税区公用仓储物流园区的重要组成部分。A 区位于本岛分区西部，距码头作业区 1 千米，靠近本岛分区的横向主干道新港大道和纵向主干道大成一路。

冷藏库和加工车间位于场地北侧，总规模近 10 万平方米，总冷藏库容量 27.2 万立方米，可存放水产品 8 万吨或肉类 6.8 万吨，配套加工车间 1.86 万平方米。冷藏库为高层建筑，地上 6 层，分 1# 冷藏库、2# 冷藏库。

玉湖冷链（武汉）国际食品交易中心

项 目 地 址：湖北武汉
总用地面积：20.85 公顷
总建筑面积：23.62 万平方米
完 成 阶 段：概念性规划

本项目位于武汉市黄陂区南部，与中心城区毗邻，与主城区联系紧密，与全国主要城市行程时间在 15 小时以内，形成辐射全国的商贸流通市场，拥有优越的流通和综合物流优势。

本项目以首创的"冷链＋市场＋平台＋金融"模式，贯通境内外，实现冷链食品供应链的现代化升级和精细化运作，持续创新满足市场需求的业务组合，致力于推动行业内涵式升级，引领冷链供应链高质量发展，树立冷链行业标杆。

本项目共划分三大功能区：冷库区、集（城）配区、服务配套区。

总图鸟瞰图（一）

拍卖中心及办公楼效果图

综合库效果图

新夏晖湖北孝感物流中心

项 目 地 址：湖北孝感
总用地面积：3.01 公顷
总建筑面积：2.11 万平方米
完 成 阶 段：方案设计，施工图设计

本项目位于孝感智慧园区内，为金拱门集团正在建设的华中地区麦当劳食品城供应链体系的重要组成部分，主要功能是作为麦当劳整体物流供应链（含冷链供应链）的一个重要节点。

本项目主体为一栋单层钢结构内保温冷库，采用架空通风地面，并充分考虑了后期扩建的设计预留。

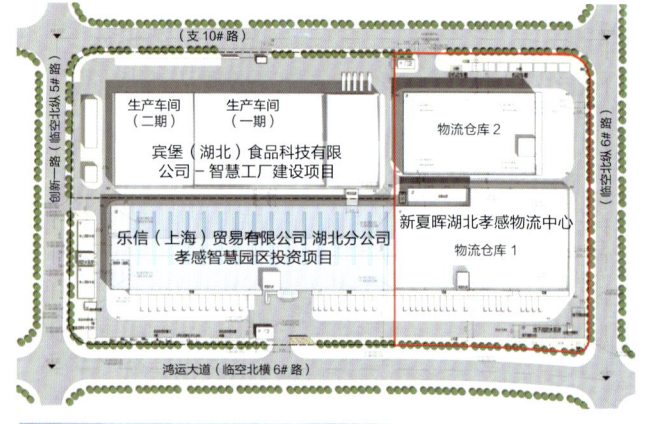

中交卖货郎运营总部暨农业数字化产业园项目

项 目 地 址：湖北武汉
总用地面积：7.71 公顷
总建筑面积：12.18 万平方米
完 成 阶 段：方案设计，初步设计，施工图设计

本项目位于湖北省武汉市黄陂区。

本项目力求打造"两个基地、五大中心"，即"中交温控食品供应链华中区总部基地，中交供应链华中区数字化总部基地（供应链自动化、智慧化、数字化研发基地），冷链供应链仓配一体化中心，农产品流通加工＋仓配一体化中心，城市中央厨房食品加工＋仓配一体化中心，特色农产品品牌发展展示交易中心，中交供应链智慧化、智能化、数字化技术研发中心"。

本项目主要建设内容为加工车间、配套原料库、中央厨房、动力中心、综合楼、汽车坡道、水电配套设施等。

农批市场、冷链物流

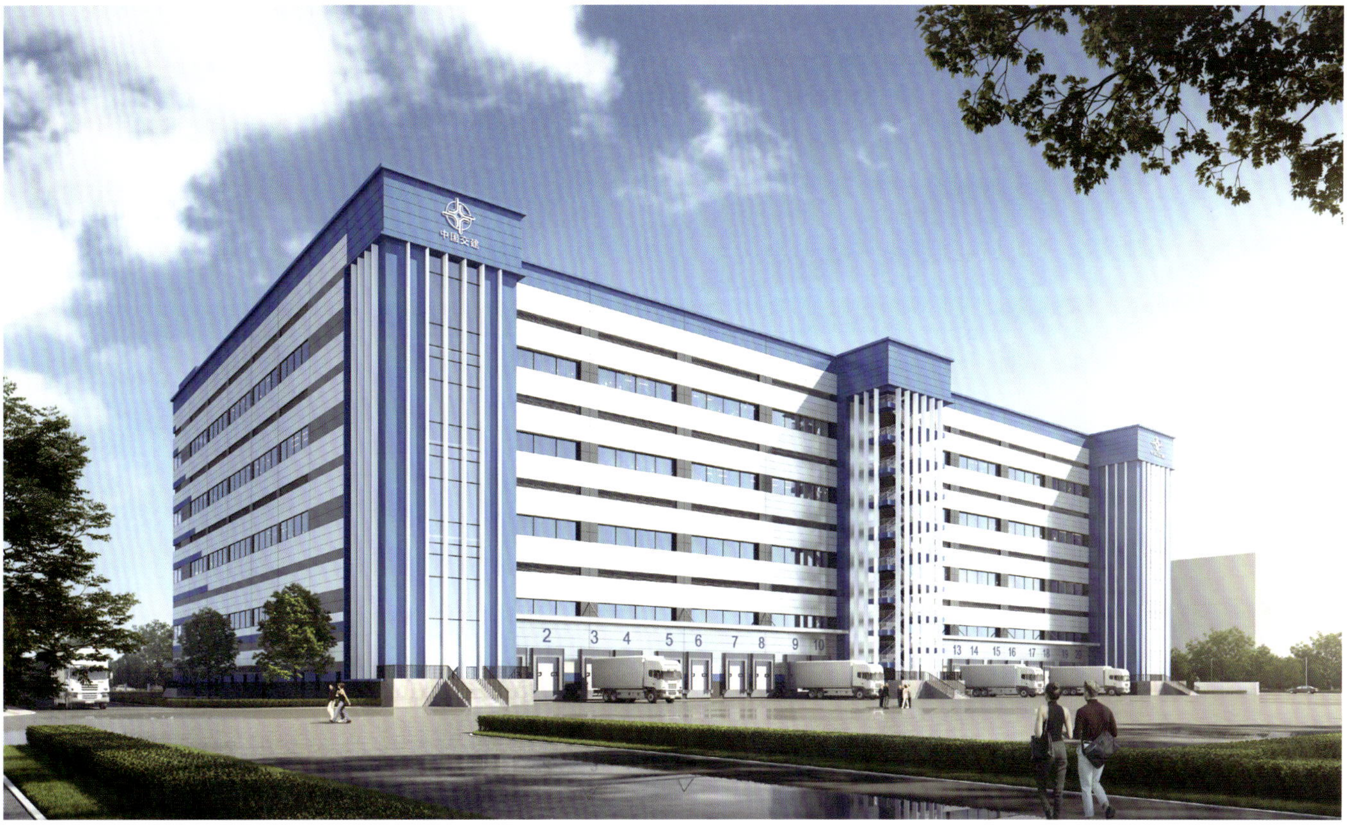
中国交建
2 3 4 5 6 7 8 9 10
13 14 15 16 17 18

中国交建
17 18

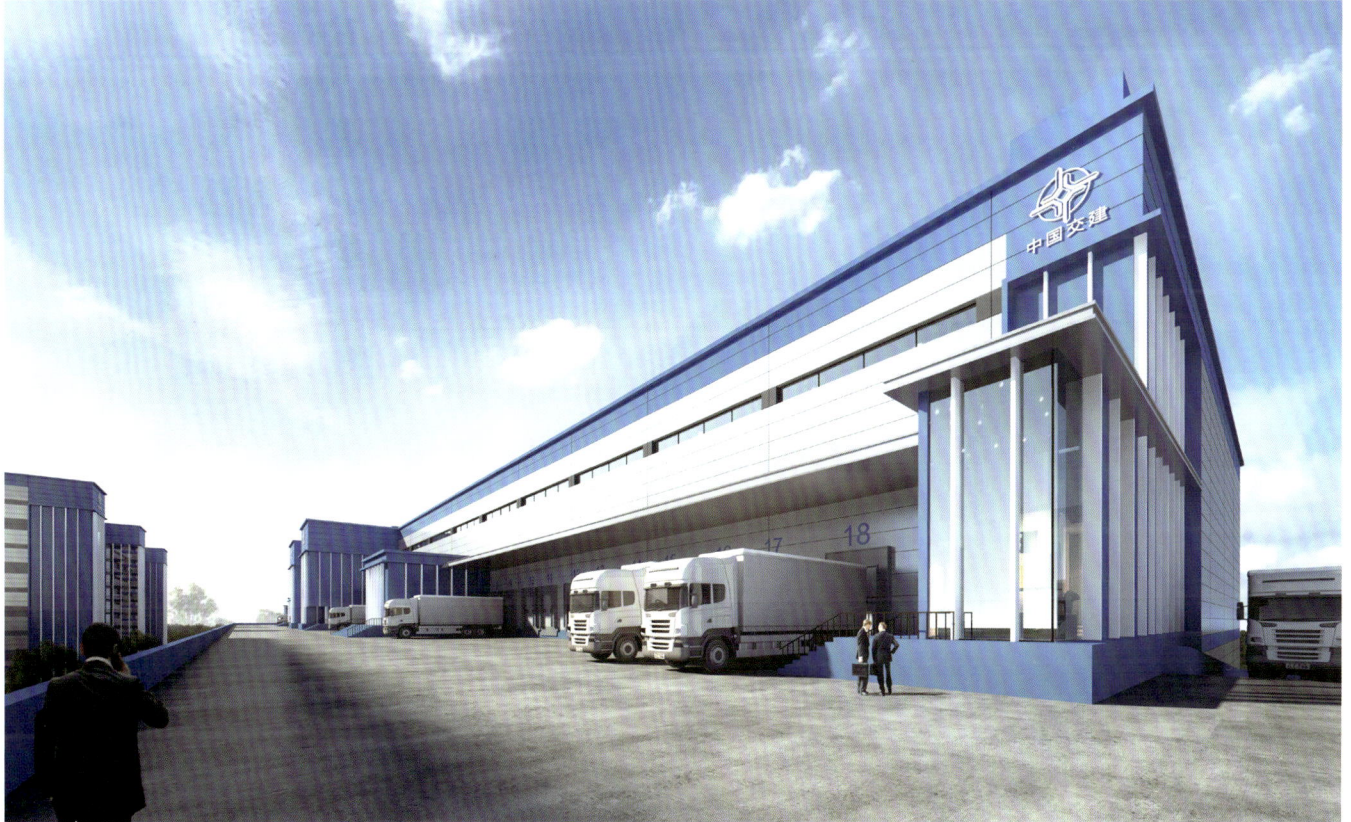

上海同盛口岸查验区海关查验冷冻（藏）库工程

项 目 地 址：上海浦东
总用地面积：2.6 公顷
总建筑面积：1.6 万平方米
完 成 阶 段：方案设计，施工图设计

本项目位于上海市浦东新区同盛物流园区口岸查验区内。本项目建设一座 24 米高的立体高架冷库，库内铺设高精度地坪，采用窄巷道超高货架布局，使用窄巷道专用电动叉车，并搭载自动定位技术，能大幅提高库容，提升运作效率。本项目新增查验门洞 32 个，冷库储存容量 20 000 托。

本项目现已建成启用，能大幅改善海关集中查验的设施条件，满足不断扩大的进口冷链货物防疫需求，显著提升港口作业服务效率，有效延伸港口物流产业链，优化跨境贸易营商环境，助力临港新片区和洋山特殊综合保税区高质量发展。

绍兴综合保税区冷链物流中心工程

项　目　地　址：浙江绍兴
总用地面积：7.8 公顷
总建筑面积：13.1 万平方米
完　成　阶　段：方案设计，初步设计，施工图设计

本项目位于绍兴综合保税区保税物流分拨中心内，其中 1—1# 和 1—2# 冷库占地面积为 0.9 万平方米，建筑面积约为 3.2 万平方米，建筑高度为 32.9 米，为高层物流建筑。

义乌综合保税区（D区）——D3、D6冷库

项　目　地　址：浙江义乌
总用地面积：23.26 公顷
总建筑面积：10.52 万平方米
完　成　阶　段：方案设计，初步设计，施工图设计

　　义乌综合保税区（D区）D3、D6冷库建筑高度为33.0米，钢筋混凝土框架结构。其总占地面积约为2.36万平方米，其中D3冷库建筑面积约为5.17万平方米，D6冷库建筑面积约为5.35万平方米，总建筑面积约为10.52万平方米。

　　本项目为三层高标坡道冷库，冷库采用外保温系统，通过不同温区设置满足未来招商需求。